AFFOGATO DÜNYA YEMEK KİTABI

KAHVE VE DONDURMA SEVERLER İÇİN MUHTEŞEM LEZZETLER. 100 Dayanılmaz Affogato Füzyonunun keyfini çıkarın

Berfin Ateş

İÇİNDEKİLER

GİRİİŞ

Özellikle kahve ve dondurma severler için yaratılmış enfes lezzetlerin diyarı Affogato World'e hoş geldiniz. Bu büyüleyici dünyada, zengin, kadifemsi gelato ile taze demlenmiş kahvenin canlandırıcı özünün uyumlu evliliği merkezde yer alıyor. "Boğulmak" anlamına gelen İtalyanca bir kelime olan Affogato, bir kepçe lezzetli gelatonun aromatik espresso denizine batırıldığı bu ilahi karışımın özünü mükemmel bir şekilde yakalıyor.

Affogato keyfi, damağınızda dans eden lezzetlerden oluşan bir senfoni yaratmak için sıcak ve soğuk, acı ve tatlı gibi zıt unsurları birleştirerek lezzet sınırlarını aşan bir deneyimdir. Tüm duyuları harekete geçiren, mutluluk ve mutfak coşkusu duygusu uyandıran bir ikramdır.

Affogato Dünyası'nın bu keşfinde, bu keyifli birleşimin kökenleri, çeşitleri ve sırları arasında bir yolculuğa çıkacağız. Geleneksel klasiklerden yenilikçi dokunuşlara kadar, kahve dondurmayla buluştuğunda hayat bulan sonsuz olasılıkları ve sanatsal ifadeleri ortaya çıkaracağız. Öyleyse kendinizi daha fazlasını arzulamanıza neden olacak heyecan verici bir maceraya hazırlayın.

GELENEKSEL AFFOGATO

1. Klasik Geleneksel Affogato

İÇİNDEKİLER:

- 1 shot espresso
- 1 top vanilyalı dondurma

TALİMATLAR:

a)   Bir shot espresso demleyin ve küçük bir bardağa veya bardağa dökün.

b)   Espressonun üzerine bir top vanilyalı dondurma koyun.

c)   Hemen servis yapın ve dondurmanın espresso içinde erimesinin tadını çıkarın.

AFFOGATO ÇEŞİTLERİ

İÇİNDEKİLER:

- 1 top çikolatalı gelato veya dondurma
- 1 shot espresso
- 1 yemek kaşığı fındık ezmesi.

TALİMATLAR:

a) Servis bardağına bir kepçe çikolatalı gelato veya dondurma koyun.

b) Fındığı dondurmanın üzerine kaşıkla dökün. Gelatonun üzerine bir shot sıcak espresso dökün.

c) Tatları birleştirmek için yavaşça karıştırın.

d) Hemen servis yapın ve çikolata, fındık ve espressodan oluşan nefis kombinasyonla kendinizi şımartın.

İÇİNDEKİLER:

- 1 kaşık badem veya amaretto dondurması
- 1 shot amaretto likörü
- 1 shot espresso

TALİMATLAR:

a) Servis bardağına bir kepçe badem veya amaretto gelato koyun.

b) Gelatonun üzerine bir shot amaretto likörü dökün. Bir shot sıcak espresso ekleyin.

c) Lezzetlerin birbirine karışması için hafifçe karıştırın.

d) Hemen servis yapın ve amaretto, badem ve espressonun enfes kombinasyonunun tadını çıkarın.

İÇİNDEKİLER:

- 1 kaşık mascarpone gelato
- 1 shot espresso
- 1 yemek kaşığı kakao tozu

TALİMATLAR:

a) Servis bardağına bir kepçe mascarpone gelato koyun.

b) Gelatonun üzerine bir shot sıcak espresso dökün.

c) Üstüne kakao tozu serpin.

d) Hemen servis yapın ve bu Affogato çeşidinde tiramisu'yu anımsatan lezzetlerin tadını çıkarın.

İÇİNDEKİLER:
- 1 kaşık tuzlu karamelli gelato
- 1 shot espresso
- karamel sosu

TALİMATLAR:
a) Servis bardağına bir kepçe tuzlu karamelli gelato koyun.
b) Gelatonun üzerine bir shot sıcak espresso dökün.
c) Karamel sosu gezdirin.
d) Hemen servis yapın ve tatlı ve tuzlu tatların birleşiminin tadını çıkarın.

İÇİNDEKİLER:

- 1 kaşık limon şerbeti
- 1 shot limoncello likörü
- 1 shot espresso
- limon kabuğu rendesi (isteğe bağlı).

TALİMATLAR:

a) Servis bardağına bir kaşık limonlu şerbeti koyun.

b) Şerbetin üzerine bir shot limoncello likörü dökün.

c) Bir shot sıcak espresso ekleyin. İstenirse limon kabuğu rendesi ile süsleyin.

d) Hemen servis yapın ve ferahlatıcı ve lezzetli lezzetlerin tadını çıkarın.

İÇİNDEKİLER:

- 1 kaşık fıstıklı gelato
- 1 shot espresso
- ezilmiş fıstık

TALİMATLAR:

a) Servis bardağına bir kepçe fıstıklı gelato koyun.
b) Gelatonun üzerine bir shot sıcak espresso dökün.
c) Ezilmiş antep fıstığı serpin.

İÇİNDEKİLER:
- 1 kaşık hindistan cevizi dondurması veya hindistan cevizi sütlü dondurma
- 1 shot espresso
- kızarmış hindistan cevizi gevreği.

TALİMATLAR:

a) Servis bardağına bir kepçe Hindistan cevizi dondurması veya Hindistan cevizi sütlü dondurma koyun.

b) Gelatonun üzerine bir shot sıcak espresso dökün.

c) Kızarmış hindistan cevizi pullarını serpin.

İÇİNDEKİLER:

- 1 kaşık bademli gelato veya badem sütlü dondurma
- 1 shot amaretto likörü
- 1 shot espresso
- dilimlenmiş badem

TALİMATLAR:

a) Servis bardağına veya kaseye bir kepçe bademli gelato veya badem sütlü dondurma koyun.

b) Gelatonun üzerine bir shot amaretto likörü dökün.

c) Bir shot sıcak espresso hazırlayın ve bunu gelato ve likörün üzerine dökün.

d) Bir tutam dilimlenmiş badem ile süsleyin.

e) Hemen servis yapın ve badem, amaretto ve espresso tatlarının enfes kombinasyonunun tadını çıkarın.

İÇİNDEKİLER:

- 1 kaşık portakallı gelato veya şerbet
- 1 shot espresso
- bitter çikolata talaşı veya rendelenmiş bitter çikolata

TALİMATLAR:

a) Servis bardağına bir kepçe portakallı gelato veya şerbeti koyun.
b) Gelatonun üzerine bir shot sıcak espresso dökün.
c) Bitter çikolata talaşı veya rendelenmiş bitter çikolata serpin.

Sweatpants & Coffee

İÇİNDEKİLER:

- 1 kaşık fındıklı gelato veya dondurma
- 1 shot espresso
- 1 yemek kaşığı Nutella.

TALİMATLAR:

a) Servis bardağına bir kepçe fındıklı gelato veya dondurma koyun.
b) Gelatonun üzerine kaşıkla Nutella dökün.
c) Gelatonun üzerine bir shot sıcak espresso dökün.
d) Tatları birleştirmek için yavaşça karıştırın.

İÇİNDEKİLER:

- 1 kaşık naneli çikolata parçacıklı dondurma veya dondurma
- 1 shot espresso
- çikolata şurubu
- taze nane yaprakları (isteğe bağlı)

TALİMATLAR:

a) Servis bardağına bir kepçe naneli çikolata parçacıklı gelato veya dondurma koyun.

b) Gelatonun üzerine bir shot sıcak espresso dökün.

c) Çikolata şurubu gezdirin.

d) Arzu ederseniz taze nane yapraklarıyla süsleyin.

İÇİNDEKİLER:

- 1 kaşık ahududu şerbeti
- 1 shot ahududu likörü (Chambord gibi)
- 1 shot espresso
- taze orman meyveleri

TALİMATLAR:

a) Servis bardağına bir kepçe ahududu şerbeti koyun.
b) Şerbetin üzerine bir shot ahududu likörü dökün.
c) Bir shot sıcak espresso ekleyin.
d) Taze meyvelerle süsleyin.

İÇİNDEKİLER:

- 1 kaşık karamelli gelato veya dondurma
- 1 shot espresso
- karamel şurubu
- krem şanti.

TALİMATLAR:

a) Servis bardağına bir kepçe karamelli gelato veya dondurma koyun.
b) Gelatonun üzerine bir shot sıcak espresso dökün.
c) Karamel şurubu gezdirin.
d) Üstüne çırpılmış krema ekleyin.

İÇİNDEKİLER:
- 1 kaşık fındıklı gelato veya dondurma
- 1 shot espresso
- ezilmiş fındıklı bisküvi.

TALİMATLAR:
a) Servis bardağına bir kepçe fındıklı gelato veya dondurma koyun.
b) Gelatonun üzerine bir shot sıcak espresso dökün.
c) Ezilmiş fındıklı bisküvi serpin.

16. Çikolatalı Affogato

İÇİNDEKİLER:
1 shot espresso
1 top çikolatalı dondurma
Çikolata talaşı veya kakao tozu (garnitür için isteğe bağlı)

TALİMATLAR:
Bir shot espresso hazırlayın ve bir bardağa veya bardağa dökün.
Bardağa bir kaşık çikolatalı dondurma ekleyin.
İsteğe göre çikolata parçacıkları veya bir tutam kakao tozu ile süsleyebilirsiniz.
Hemen servis yapın ve çikolata ve espresso lezzetlerinin birleşiminin tadını çıkarın.

İÇİNDEKİLER:
1 shot espresso
1 kaşık fındıklı gelato veya dondurma
Dövülmüş fındık (isteğe göre süslemek için)

TALİMATLAR:
Bir shot espresso hazırlayın ve servis bardağına dökün.
Bardağa bir kepçe fındıklı gelato veya dondurma koyun.
İstenirse, daha fazla çıtırlık ve lezzet için üzerine ezilmiş fındık serpebilirsiniz.
Hemen servis yapın ve fındık ve espressonun enfes birleşiminin tadını çıkarın.

İÇİNDEKİLER:
1 shot espresso
1 top karamelli dondurma
Karamel sos (isteğe bağlı, üzerine sürmek için)

TALİMATLAR:
Bir shot espresso demleyin ve bir bardağa veya bardağa dökün.
Espressonun üzerine bir kaşık karamelli dondurma ekleyin.
Arzu ederseniz dondurmanın üzerine biraz karamel sos gezdirebilirsiniz.
Hemen servis yapın ve tatlı ve kremsi karamelli affogatonun tadını çıkarın.

19. Nane Çikolatalı Affogato

İÇİNDEKİLER:
1 shot espresso
1 top naneli çikolatalı dondurma
Bitter çikolata talaşı (garnitür için isteğe bağlı)

TALİMATLAR:
Bir shot espresso hazırlayın ve bir bardağa veya bardağa dökün.
Bardağa bir kepçe naneli çikolata parçacıklı dondurma ekleyin.
İstenirse bitter çikolata parçacıklarıyla süsleyin.
Hemen servis yapın ve nane ile espressonun ferahlatıcı birleşiminin
tadını çıkarın.

20. Vanilya Fasulyesi Affogato

İÇİNDEKİLER:
1 shot espresso
1 top vanilyalı fasulye dondurma
Vanilya fasulyesi tohumları (isteğe bağlı, garnitür için)

TALİMATLAR:
Bir shot espresso hazırlayın ve servis bardağına dökün.
Bardağa bir kepçe vanilyalı dondurma koyun.
İstenirse, daha fazla lezzet ve sunum için vanilya çekirdeğinin tohumlarını üstüne serpin.
Hemen servis yapın ve klasik vanilya ve espresso eşleşmesinin tadını çıkarın.

21. Affogato al Caffè

İÇİNDEKİLER:
1 shot espresso
1 kaşık kahve aromalı gelato veya dondurma

TALİMATLAR:
Bir shot espresso demleyin ve bir bardağa veya bardağa dökün.
Bardağa bir kaşık kahve aromalı gelato veya dondurma ekleyin.
Hemen servis yapın ve yoğun kahve kombinasyonunun tadını çıkarın.

22. İrlanda Kremalı Affogato

İÇİNDEKİLER:
1 shot espresso
1 kaşık İrlanda kreması veya Baileys aromalı dondurma
Krem şanti (isteğe bağlı, üzeri için)
Çikolata şurubu (isteğe bağlı, üzerine serpmek için)

TALİMATLAR:
Bir shot espresso hazırlayın ve bir bardağa veya bardağa dökün.
Bardağa bir kaşık İrlanda kreması veya Baileys aromalı dondurma
ekleyin.
İsteğe göre üzerine krem şanti ekleyin ve dondurmanın üzerine
çikolata şurubu gezdirin.
Hemen servis yapın ve zengin ve kremsi İrlanda kremalı affogato'nun
tadını çıkarın.

İÇİNDEKİLER:
1 shot espresso
1 top hindistan cevizli çikolata parçacıklı dondurma
Kavrulmuş hindistan cevizi gevreği (garnitür için isteğe bağlı)

TALİMATLAR:
Bir shot espresso demleyin ve bir bardağa veya bardağa dökün.
Espressonun üzerine bir kepçe hindistan cevizi çikolata parçacıklı
dondurma ekleyin.
İstenirse tropikal bir dokunuş için kızarmış hindistan cevizi
gevreğiyle süsleyin.
Hemen servis yapın ve hindistancevizi ve çikolatanın espresso ile
enfes karışımının tadını çıkarın.

24. Tuzlu Karamel Affogato

İÇİNDEKİLER:
1 shot espresso
1 top tuzlu karamelli dondurma
Deniz tuzu gevreği (garnitür için isteğe bağlı)

TALİMATLAR:
Bir shot espresso hazırlayın ve bir bardağa veya bardağa dökün.
Bardağa bir kepçe tuzlu karamelli dondurma ekleyin.
İsteğe bağlı olarak, tatların kontrastı için üstüne bir tutam deniz tuzu serpin.
Hemen servis yapın ve bu affogato çeşidinde tatlı ve tuzlunun mükemmel dengesinin tadını çıkarın.

25. Kiraz Affogato

İÇİNDEKİLER:
1 shot espresso
1 kaşık kiraz veya kara orman dondurması veya dondurma
Taze kiraz (isteğe bağlı, garnitür için)

TALİMATLAR:
Bir shot espresso hazırlayın ve servis bardağına dökün.
Bardağa bir kepçe kiraz veya kara orman dondurması veya dondurma koyun.
İstenirse meyveli bir dokunuş için taze kirazlarla süsleyin.
Hemen servis yapın ve kiraz ve espresso kombinasyonunun tadını çıkarın.

26. Turuncu Affogato

İÇİNDEKİLER:
1 shot espresso
1 kaşık portakal şerbeti veya dondurma
Portakal kabuğu rendesi (isteğe bağlı, garnitür için)

TALİMATLAR:
Bir shot espresso demleyin ve bir bardağa veya bardağa dökün.
Espressonun üzerine bir kaşık portakal şerbeti veya gelato ekleyin.
İstenirse, narenciye aromasını eklemek için üstüne biraz portakal
kabuğu rendesi serpin.
Hemen servis yapın ve canlandırıcı portakal aromalı affogatonun
tadını çıkarın.

27. Kurabiye ve Kremalı Affogato

İÇİNDEKİLER:

1 shot espresso
1 top kurabiye ve kremalı dondurma
Ezilmiş çikolatalı sandviç kurabiyeleri (garnitür için isteğe bağlı)

TALİMATLAR:

Bir shot espresso hazırlayın ve bir bardağa veya bardağa dökün.
Bardağa bir kepçe kurabiye ve kremalı dondurma ekleyin.
İstenirse, daha fazla doku için ezilmiş çikolatalı sandviç kurabiyeleri ile süsleyin.
Hemen servis yapın ve klasik kurabiye ve krema kombinasyonunun espresso ile tadını çıkarın.

28. Matcha Affogato

İÇİNDEKİLER:
1 shot espresso
1 top matcha yeşil çaylı dondurma
Matcha tozu (isteğe bağlı, garnitür için)

TALİMATLAR:
Bir shot espresso hazırlayın ve servis bardağına dökün.
Fincana bir kepçe matcha yeşil çaylı dondurma koyun.
İstenirse, ekstra bir lezzet patlaması için üstüne biraz matcha tozu serpin.
Hemen servis yapın ve matcha ile espressonun eşsiz kombinasyonunun tadını çıkarın.

İÇİNDEKİLER:
1 shot espresso
1 top fıstık ezmesi veya fıstık ezmeli bardak dondurma
Ezilmiş fıstık (isteğe bağlı, garnitür için)

TALİMATLAR:
Bir shot espresso demleyin ve bir bardağa veya bardağa dökün.
Espressonun üzerine bir kaşık fıstık ezmesi veya fıstık ezmesi bardağı dondurma ekleyin.
İsteğe bağlı olarak, daha fazla çıtırlık için, ezilmiş fıstıkları dondurmanın üzerine serpin.
Hemen servis yapın ve fıstık ezmesi ile espressonun leziz kombinasyonunun tadını çıkarın.

İÇİNDEKİLER:
1 shot espresso
1 kaşık ahududu şerbeti veya dondurma
Taze ahududu (isteğe bağlı, garnitür için)

TALİMATLAR:
Bir shot espresso hazırlayın ve bir bardağa veya bardağa dökün.
Bardağa bir kaşık ahududu şerbeti veya dondurma ekleyin.
İstenirse, meyveli bir lezzet patlaması için taze ahududu ile süsleyin.
Hemen servis yapın ve canlı ahududu affogatosunun tadını çıkarın.

GURME AFFFOGATO ÇEŞİTLERİ

31. Lavanta Balı Affogato

İÇİNDEKİLER:

LAVANTA BALI GELATO:

- 2 bardak tam yağlı süt
- 1 bardak ağır krema
- ½ bardak bal
- 2 yemek kaşığı kurutulmuş lavanta çiçeği
- 5 yumurta sarısı
- ¼ çay kaşığı tuz

AFFOGATO

- 1 kaşık lavanta balı dondurması
- 1 shot (yaklaşık 1-2 ons) taze demlenmiş espresso
- İsteğe bağlı: garnitür için taze lavanta dalları

TALİMATLAR:

LAVANTA BALI GELATO:

a) Bir tencerede süt, krema, bal ve kurutulmuş lavanta çiçeklerini birleştirin. Tencereyi orta ateşe yerleştirin ve karışımı ara sıra karıştırarak buharlaşmaya başlayıncaya kadar ısıtın. Kaynamasına izin vermeyin.

b) Buhar çıktıktan sonra tencereyi ocaktan alın ve lavantanın karışıma yaklaşık 20 dakika kadar demlenmesini sağlayın.

c) Ayrı bir kapta yumurta sarılarını ve tuzu iyice karışana kadar çırpın.

d) Lavanta ile demlenmiş süt karışımını yavaşça yumurta sarısına dökün ve yumurtaları temperlemek için sürekli çırpın.

e) Karışımı tekrar tencereye dökün ve orta ateşte sürekli karıştırarak koyulaşıp kaşığın arkasını kaplayana kadar pişirin. Bu yaklaşık 5-7 dakika sürmelidir.

f) Tencereyi ocaktan alın ve lavanta çiçeklerini ve pişmiş yumurta parçalarını çıkarmak için karışımı ince gözenekli bir elekten geçirin. Katıları atın.

g) Karışımın oda sıcaklığına soğumasını bekleyin, ardından örtün ve en az 4 saat veya gece boyunca soğuması ve tatların gelişmesi için buzdolabında saklayın.

h) Soğuduktan sonra karışımı bir dondurma makinesine dökün ve üreticinin TALİMATLARI uyarınca çalkalayın: gelato yumuşak servis kıvamına gelinceye kadar.

i) Gelatoyu kapaklı bir kaba aktarın ve en az 4 saat veya sertleşinceye kadar dondurun.

Affogato

j)   Servis bardağına veya kaseye bir kepçe lavanta ballı dondurma koyun.

k)   Bir espresso makinesini veya daha önce bahsedilen alternatif demleme yöntemlerinden birini kullanarak bir shot espresso demleyin.

l)   Sıcak espressoyu bir kepçe lavanta ballı dondurmanın üzerine dökün.

m)   İsterseniz bir tutam taze lavanta ile süsleyin.

n)   Lavanta Ballı Affogato'yu hemen servis edin ve kremalı dondurmanın, espressonun zenginliğiyle zenginleşen lavanta ve balın aromatik tatları ile birleşiminin tadını çıkarın.

İÇİNDEKİLER:

BALSAMİK ÇİLEKLİ GELATO:

- 2 su bardağı taze çilek, kabuğu soyulmuş ve doğranmış
- ½ bardak) şeker
- 1 yemek kaşığı balzamik sirke
- 2 bardak tam yağlı süt
- 1 bardak ağır krema
- 5 yumurta sarısı
- ½ çay kaşığı vanilya özü
- Bir tutam tuz

Affogato

- 1 kaşık balzamik çilekli dondurma
- 1 shot (yaklaşık 1-2 ons) taze demlenmiş espresso
- İsteğe bağlı: garnitür için taze çilek

TALİMATLAR:

BALSAMİK ÇİLEKLİ GELATO:

a) Bir kapta doğranmış çilekleri, şekeri ve balzamik sirkeyi birleştirin. Karışımı yaklaşık 15 dakika bekletin, çileklerin yumuşamasını ve suyunu salmasını sağlayın.

b) Çilek karışımını bir blender veya mutfak robotuna aktarın ve pürüzsüz hale gelinceye kadar karıştırın. Bir kenara koyun.

c) Bir tencerede sütü ve kremayı orta ateşte ara sıra karıştırarak buharlaşmaya başlayıncaya kadar ısıtın. Kaynamasına izin vermeyin.

d) Ayrı bir kapta yumurta sarılarını, vanilya özütünü ve tuzu iyice birleşene kadar çırpın.

e) Ilık süt ve krema karışımını yavaş yavaş yumurta sarılarına dökün, sürekli karıştırarak yumurtaları yumuşatın.

f) Karışımı tekrar tencereye alın ve orta ateşte sürekli karıştırarak koyulaşıp kaşığın arkasını kaplayana kadar pişirin. Bu yaklaşık 5-7 dakika sürmelidir.

g) Tencereyi ocaktan alın ve pişmiş yumurta parçalarını çıkarmak için karışımı ince gözenekli bir elek ile süzün.

h) Çilek püresini muhallebi karışımına iyice karışıncaya kadar karıştırın.

i) Karışımın oda sıcaklığına soğumasını bekleyin, ardından örtün ve en az 4 saat veya gece boyunca soğuması ve tatların gelişmesi için buzdolabında saklayın.

j) Soğuduktan sonra karışımı bir dondurma makinesine dökün ve üreticinin TALİMATLARI uyarınca çalkalayın: gelato yumuşak servis kıvamına gelinceye kadar.

k) Gelatoyu kapaklı bir kaba aktarın ve en az 4 saat veya sertleşinceye kadar dondurun.

Affogato

l) Servis bardağına veya kaseye bir kaşık balzamik çilekli gelato koyun.

m) Bir espresso makinesini veya daha önce bahsedilen alternatif demleme yöntemlerinden birini kullanarak bir shot espresso demleyin.

n) Sıcak espressoyu balzamik çilekli dondurma kepçesinin üzerine dökün.

o) Arzu ederseniz taze çileklerle süsleyin.

p) Balzamik Çilek Affogato'yu hemen servis edin ve kremalı gelato ile balzamik çileklerin tatlı ve keskin tatlarının espressonun zenginliğiyle birleşiminin tadını çıkarın

İÇİNDEKİLER:
ZEYTİNYAĞI VE DENİZ TUZU GELATO:
- 2 bardak tam yağlı süt
- 1 bardak ağır krema
- ¾ su bardağı toz şeker
- 4 büyük yumurta sarısı
- ⅓ bardak sızma zeytinyağı
- 1 çay kaşığı saf vanilya özü
- ½ çay kaşığı deniz tuzu

AFFOGATO
- 1 kaşık zeytinyağı ve deniz tuzu dondurması
- 1 shot (yaklaşık 1-2 ons) taze demlenmiş espresso
- İsteğe bağlı: garnitür için bir çiseleyen sızma zeytinyağı ve bir tutam deniz tuzu

TALİMATLAR:
ZEYTİNYAĞI VE DENİZ TUZU GELATO:
a) Bir tencerede süt ve kremayı birleştirin. Ara sıra karıştırarak, buharlaşmaya başlayana kadar orta ateşte ısıtın. Kaynamasına izin vermeyin.

b) Ayrı bir kapta şekeri ve yumurta sarılarını iyice karışana kadar çırpın.

c) Ilık süt ve krema karışımını yavaş yavaş yumurta sarılarına dökün, sürekli karıştırarak yumurtaları yumuşatın.

d) Karışımı tekrar tencereye alın ve orta ateşte sürekli karıştırarak koyulaşıp kaşığın arkasını kaplayana kadar pişirin. Bu yaklaşık 5-7 dakika sürmelidir.

e) Tencereyi ocaktan alın ve zeytinyağını, vanilya özütünü ve deniz tuzunu iyice karışana kadar çırpın.

f) Karışımın oda sıcaklığına soğumasını bekleyin, ardından örtün ve en az 4 saat veya gece boyunca soğuması ve tatların gelişmesi için buzdolabında saklayın.

g) Soğuduktan sonra karışımı bir dondurma makinesine dökün ve üreticinin TALİMATLARI uyarınca çalkalayın: gelato yumuşak servis kıvamına gelinceye kadar.

h) Gelatoyu kapaklı bir kaba aktarın ve en az 4 saat veya sertleşinceye kadar dondurun.

AFFOGATO

i) Servis bardağına veya kaseye bir kepçe zeytinyağı ve deniz tuzu dondurmasını koyun.

j) Bir espresso makinesini veya daha önce bahsedilen alternatif demleme yöntemlerinden birini kullanarak bir shot espresso demleyin.

k) Sıcak espressoyu bir kepçe zeytinyağı ve deniz tuzu dondurmasının üzerine dökün.

l) İstenirse, gelatonun üzerine biraz sızma zeytinyağı gezdirin ve ekstra bir lezzet patlaması için üstüne bir tutam deniz tuzu serpin.

m) Zeytinyağlı ve Deniz Tuzlu Affogato'yu hemen servis edin ve kremalı gelatonun, espressonun zenginliğiyle zenginleşen zeytinyağı ve deniz tuzunun eşsiz lezzetleriyle birleşiminin keyfini çıkarın.

İÇİNDEKİLER:
MAVİ PEYNİR VE İNCİRLİ GELATO:
- 2 bardak tam yağlı süt
- 1 bardak ağır krema
- ¾ su bardağı toz şeker
- 4 büyük yumurta sarısı
- 4 ons mavi peynir, ufalanmış
- 1 su bardağı kuru incir, ince doğranmış
- 1 çay kaşığı vanilya özü

AFFOGATO
- 1 kaşık mavi peynir ve incirli dondurma
- 1 shot (yaklaşık 1-2 ons) taze demlenmiş espresso
- İsteğe bağlı: garnitür için bir çiseleyen bal

TALİMATLAR:
MAVİ PEYNİR VE İNCİRLİ GELATO:
a) Bir tencerede süt ve kremayı birleştirin. Ara sıra karıştırarak, buharlaşmaya başlayana kadar orta ateşte ısıtın. Kaynamasına izin vermeyin.

b) Ayrı bir kapta şekeri ve yumurta sarılarını iyice karışana kadar çırpın.

c) Ilık süt ve krema karışımını yavaş yavaş yumurta sarılarına dökün, sürekli karıştırarak yumurtaları yumuşatın.

d) Karışımı tekrar tencereye alın ve orta ateşte sürekli karıştırarak koyulaşıp kaşığın arkasını kaplayana kadar pişirin. Bu yaklaşık 5-7 dakika sürmelidir.

e) Tencereyi ocaktan alın ve ufalanmış mavi peyniri tamamen eriyene ve birleşene kadar karıştırın.

f) Doğranmış kuru incirleri ve vanilya özünü iyice birleşene kadar karıştırın.

g) Karışımın oda sıcaklığına soğumasını bekleyin, ardından örtün ve en az 4 saat veya gece boyunca soğuması ve tatların gelişmesi için buzdolabında saklayın.

h) Soğuduktan sonra karışımı bir dondurma makinesine dökün ve üreticinin TALİMATLARI uyarınca çalkalayın: gelato yumuşak servis kıvamına gelinceye kadar.

i) Gelatoyu kapaklı bir kaba aktarın ve en az 4 saat veya sertleşinceye kadar dondurun.

AFFOGATO

j) Servis bardağına veya kasesine bir kepçe mavi peynir ve incirli dondurma koyun.

k) Bir espresso makinesini veya daha önce bahsedilen alternatif demleme yöntemlerinden birini kullanarak bir shot espresso demleyin.

l) Sıcak espressoyu mavi peynir ve incir dondurmasının üzerine dökün.

m) İsteğe bağlı: Tatlılık ve garnitür dokunuşu için üzerine biraz bal gezdirin.

n) Mavi Peynir ve İncir Affogato'yu hemen servis edin ve kremalı, lezzetli mavi peynirli gelato ile incirlerin espresso zenginliğiyle zenginleştirilmiş tatlı, meyveli notalarının eşsiz kombinasyonunun tadını çıkarın.

İÇİNDEKİLER:
BİBERİYELİ KARAMELLİ GELATO:
- 2 bardak tam yağlı süt
- 1 bardak ağır krema
- ¾ su bardağı toz şeker
- 4 büyük yumurta sarısı
- 2 dal taze biberiye
- 1 çay kaşığı vanilya özü
- ½ su bardağı karamel sosu

AFFOGATO
- 1 kaşık biberiyeli karamelli gelato
- 1 shot (yaklaşık 1-2 ons) taze demlenmiş espresso
- İsteğe bağlı: garnitür için bir tutam taze biberiye

TALİMATLAR:
BİBERİYELİ KARAMELLİ GELATO:
a)   Bir tencerede sütü, kremayı ve taze biberiye dallarını birleştirin. Ara sıra karıştırarak, buharlaşmaya başlayana kadar orta ateşte ısıtın. Kaynamasına izin vermeyin.

b)   Ayrı bir kapta şekeri ve yumurta sarılarını iyice karışana kadar çırpın.

c)   Ilık süt ve biberiye karışımını yavaş yavaş yumurta sarılarına dökün ve yumurtaları temperlemek için sürekli çırpın.

d)   Karışımı tekrar tencereye alın ve orta ateşte sürekli karıştırarak koyulaşıp kaşığın arkasını kaplayana kadar pişirin. Bu yaklaşık 5-7 dakika sürmelidir.

e)   Tencereyi ocaktan alın ve biberiye dallarını çıkarmak için karışımı ince gözenekli bir elekten geçirin.

f)   Vanilya ekstraktını ve karamel sosunu iyice birleşene kadar karıştırın.

g)   Karışımın oda sıcaklığına soğumasını bekleyin, ardından örtün ve en az 4 saat veya gece boyunca soğuması ve tatların gelişmesi için buzdolabında saklayın.

h)   Soğuduktan sonra karışımı bir dondurma makinesine dökün ve üreticinin TALİMATLARI uyarınca çalkalayın: gelato yumuşak servis kıvamına gelinceye kadar.

i)   Gelatoyu kapaklı bir kaba aktarın ve en az 4 saat veya sertleşinceye kadar dondurun.

AFFOGATO

j) Servis bardağına veya kaseye bir kepçe biberiyeli karamelli gelato koyun.

k) Bir espresso makinesini veya daha önce bahsedilen alternatif demleme yöntemlerinden birini kullanarak bir shot espresso demleyin.

l) Sıcak espressoyu biberiyeli karamelli dondurma kepçesinin üzerine dökün.

m) İsteğe bağlı: Dekoratif bir dokunuş için bir tutam taze biberiye ile süsleyin.

n) Biberiye Karamelli Affogato'yu hemen servis edin ve biberiyenin aromatik özüyle aşılanmış, espressonun cesurluğuyla mükemmel bir şekilde tamamlanan kremsi karamelli gelato kombinasyonunun tadını çıkarın.

İÇİNDEKİLER:
SAFRANLI FISTIKLI DELATO:
- 2 bardak tam yağlı süt
- 1 bardak ağır krema
- ¾ su bardağı toz şeker
- 4 büyük yumurta sarısı
- ¼ çay kaşığı safran ipleri
- 1 çay kaşığı vanilya özü
- ½ su bardağı antep fıstığı, kabukları soyulmuş ve ince doğranmış

AFFOGATO
- 1 kaşık safranlı fıstıklı gelato
- 1 shot (yaklaşık 1-2 ons) taze demlenmiş espresso
- İsteğe bağlı: garnitür için bir tutam ezilmiş antep fıstığı

TALİMATLAR:
SAFRANLI FISTIKLI DELATO:

a) Bir tencerede süt, krema ve safran ipliklerini birleştirin. Ara sıra karıştırarak, buharlaşmaya başlayana kadar orta ateşte ısıtın. Kaynamasına izin vermeyin.

b) Ayrı bir kapta şekeri ve yumurta sarılarını iyice karışana kadar çırpın.

c) Ilık süt ve safran karışımını yavaş yavaş yumurta sarılarına dökün, sürekli karıştırarak yumurtaları yumuşatın.

d) Karışımı tekrar tencereye alın ve orta ateşte sürekli karıştırarak koyulaşıp kaşığın arkasını kaplayana kadar pişirin. Bu yaklaşık 5-7 dakika sürmelidir.

e) Tencereyi ocaktan alın ve safran ipliklerini çıkarmak için karışımı ince gözenekli bir elek ile süzün.

f) Vanilya ekstraktını iyice birleşene kadar karıştırın.

g) Karışımın oda sıcaklığına soğumasını bekleyin, ardından örtün ve en az 4 saat veya gece boyunca soğuması ve tatların gelişmesi için buzdolabında saklayın.

h) Soğuduktan sonra karışımı bir dondurma makinesine dökün ve üreticinin TALİMATLARI uyarınca çalkalayın: gelato yumuşak servis kıvamına gelinceye kadar.

i) İnce kıyılmış antep fıstığını karıştırın ve dondurmanın her yerine eşit şekilde dağılmasını sağlayın.

j) Gelatoyu kapaklı bir kaba aktarın ve en az 4 saat veya sertleşinceye kadar dondurun.

AFFOGATO

k)   Servis bardağına veya kaseye bir kepçe safranlı fıstıklı gelato koyun.

l)   Bir espresso makinesini veya daha önce bahsedilen alternatif demleme yöntemlerinden birini kullanarak bir shot espresso demleyin.

m)   Sıcak espressoyu bir kepçe safranlı fıstıklı dondurmanın üzerine dökün.

n)   İsteğe bağlı: Garnitür olarak üzerine biraz ezilmiş antep fıstığı serpin.

o)   Saffron Fıstıklı Affogato'yu hemen servis edin ve narin safran aroması, antep fıstığının cevizliliği ve espressonun zenginliğinin birleşiminin tadını çıkarın.

İÇİNDEKİLER:

Matcha Beyaz Çikolatalı Gelato:

- 2 bardak tam yağlı süt
- 1 bardak ağır krema
- ¾ su bardağı toz şeker
- 4 büyük yumurta sarısı
- 3 yemek kaşığı matcha tozu
- 4 ons beyaz çikolata, ince doğranmış
- 1 çay kaşığı vanilya özü

AFFOGATO

- 1 kaşık matcha beyaz çikolatalı dondurma
- 1 shot (yaklaşık 1-2 ons) taze demlenmiş espresso
- İsteğe bağlı: garnitür için matcha tozu tozu

TALİMATLAR:

Matcha Beyaz Çikolatalı Gelato:

a) Bir tencerede süt, krema ve matcha tozunu birleştirin. Ara sıra karıştırarak, buharlaşmaya başlayana kadar orta ateşte ısıtın. Kaynamasına izin vermeyin.

b) Ayrı bir kapta şekeri ve yumurta sarılarını iyice karışana kadar çırpın.

c) Ilık süt ve matcha karışımını yavaş yavaş yumurta sarılarına dökün ve yumurtaları temperlemek için sürekli çırpın.

d) Karışımı tekrar tencereye alın ve orta ateşte sürekli karıştırarak koyulaşıp kaşığın arkasını kaplayana kadar pişirin. Bu yaklaşık 5-7 dakika sürmelidir.

e) Tencereyi ocaktan alın ve doğranmış beyaz çikolatayı tamamen eriyene ve birleşene kadar karıştırın.

f) Vanilya ekstraktını iyice birleşene kadar karıştırın.

g) Karışımın oda sıcaklığına soğumasını bekleyin, ardından örtün ve en az 4 saat veya gece boyunca soğuması ve tatların gelişmesi için buzdolabında saklayın.

h) Soğuduktan sonra karışımı bir dondurma makinesine dökün ve üreticinin TALİMATLARI uyarınca çalkalayın: gelato yumuşak servis kıvamına gelinceye kadar.

i) Gelatoyu kapaklı bir kaba aktarın ve en az 4 saat veya sertleşinceye kadar dondurun.

AFFOGATO

j)   Servis bardağına veya kaseye bir kepçe matcha beyaz çikolatalı gelato koyun.

k)   Bir espresso makinesini veya daha önce bahsedilen alternatif demleme yöntemlerinden birini kullanarak bir shot espresso demleyin.

l)   Sıcak espressoyu bir kepçe matcha beyaz çikolatalı dondurmanın üzerine dökün.

m) İsteğe bağlı: Garnitür olarak gelatonun üstünü bir tutam matcha tozuyla tozlayın.

n)   Matcha Beyaz Çikolatalı Affogato'yu hemen servis edin ve dünyevi, hafif acı matcha lezzetinin, beyaz çikolatanın kremsi tatlılığıyla birleşiminin, espressonun zenginliğiyle tamamlanan birleşiminin keyfini çıkarın.

İÇİNDEKİLER:
SİYAH SUSAMLI DELATO:

- 2 bardak tam yağlı süt
- 1 bardak ağır krema
- ¾ su bardağı toz şeker
- 4 büyük yumurta sarısı
- ½ su bardağı siyah susam
- ½ çay kaşığı vanilya özü
- Bir tutam tuz

AFFOGATO

- 1 kaşık siyah susamlı dondurma
- 1 shot (yaklaşık 1-2 ons) taze demlenmiş espresso
- İsteğe bağlı: garnitür için siyah susam

TALİMATLAR:
SİYAH SUSAMLI DELATO:

a) Orta ateşte kuru bir tavada, siyah susam tohumlarını ara sıra karıştırarak, kokusu çıkana kadar yaklaşık 2-3 dakika kızartın. Onları yakmamaya dikkat edin.

b) Kavrulmuş susam tohumlarını bir blender veya mutfak robotuna aktarın ve ince bir toz haline gelinceye kadar öğütün. Bir kenara koyun.

c) Bir tencerede süt, krema ve öğütülmüş siyah susam tozunu birleştirin. Ara sıra karıştırarak, buharlaşmaya başlayana kadar orta ateşte ısıtın. Kaynamasına izin vermeyin.

d) Ayrı bir kapta şekeri ve yumurta sarılarını iyice karışana kadar çırpın.

e) Ilık süt ve krema karışımını yavaş yavaş yumurta sarılarına dökün, sürekli karıştırarak yumurtaları yumuşatın.

f) Karışımı tekrar tencereye alın ve orta ateşte sürekli karıştırarak koyulaşıp kaşığın arkasını kaplayana kadar pişirin. Bu yaklaşık 5-7 dakika sürmelidir.

g) Tencereyi ocaktan alın ve pişmiş yumurta parçalarını ve susam kalıntılarını çıkarmak için karışımı ince gözenekli bir elekten geçirin.

h) Vanilya ekstraktını ve bir tutam tuzu iyice karışana kadar karıştırın.

i) Karışımın oda sıcaklığına soğumasını bekleyin, ardından örtün ve en az 4 saat veya gece boyunca soğuması ve tatların gelişmesi için buzdolabında saklayın.

j) Soğuduktan sonra karışımı bir dondurma makinesine dökün ve üreticinin TALİMATLARI uyarınca çalkalayın: gelato yumuşak servis kıvamına gelinceye kadar.

k) Gelatoyu kapaklı bir kaba aktarın ve en az 4 saat veya sertleşinceye kadar dondurun.

AFFOGATO

l) Servis bardağına veya kaseye bir kepçe siyah susamlı gelato koyun.

m) Bir espresso makinesini veya daha önce bahsedilen alternatif demleme yöntemlerinden birini kullanarak bir shot espresso demleyin.

n) Sıcak espressoyu siyah susamlı dondurma kepçesinin üzerine dökün.

o) İsterseniz garnitür olarak üzerine biraz siyah susam serpin.

p) Siyah Susam Affogato'yu hemen servis edin ve siyah susamın fındıksı, kızarmış tatları ile espressonun zenginliği kombinasyonunun tadını çıkarın.

İÇİNDEKİLER:
HİNDİSTAN CEVİZLİ LİMON OTU DELATO:

- 2 bardak hindistan cevizi sütü
- 1 bardak tam yağlı süt
- 1 bardak ağır krema
- ¾ su bardağı toz şeker
- 4 büyük yumurta sarısı
- 2 sap limon otu, ezilmiş ve doğranmış
- 1 çay kaşığı vanilya özü
- İsteğe bağlı: garnitür için kıyılmış hindistan cevizi

AFFOGATO

- 1 kaşık hindistan cevizi limon otu dondurması
- 1 shot (yaklaşık 1-2 ons) taze demlenmiş espresso
- İsteğe bağlı: garnitür için kıyılmış hindistan cevizi

TALİMATLAR:
HİNDİSTAN CEVİZLİ LİMON OTU DELATO:

a)   Bir tencerede hindistan cevizi sütünü, tam yağlı sütü, kremayı ve limon otunu birleştirin. Ara sıra karıştırarak, buharlaşmaya başlayana kadar orta ateşte ısıtın. Kaynamasına izin vermeyin.

b)   Ayrı bir kapta şekeri ve yumurta sarılarını iyice karışana kadar çırpın.

c)   Ilık süt ve krema karışımını yavaş yavaş yumurta sarılarına dökün, sürekli karıştırarak yumurtaları yumuşatın.

d)   Karışımı tekrar tencereye alın ve orta ateşte sürekli karıştırarak koyulaşıp kaşığın arkasını kaplayana kadar pişirin. Bu yaklaşık 5-7 dakika sürmelidir.

e)   Tencereyi ocaktan alın ve limon otu parçalarını çıkarmak için karışımı ince gözenekli bir elek ile süzün.

f)   Vanilya ekstraktını iyice birleşene kadar karıştırın.

g)   Karışımın oda sıcaklığına soğumasını bekleyin, ardından örtün ve en az 4 saat veya gece boyunca soğuması ve tatların gelişmesi için buzdolabında saklayın.

h)   Karışım soğuduktan sonra dondurma makinesine dökün ve üreticinin talimatlarına göre çalkalayın.

TALİMATLAR: Gelato yumuşak servis kıvamına gelinceye kadar.

i)   Gelatoyu kapaklı bir kaba aktarın ve en az 4 saat veya sertleşinceye kadar dondurun.

AFFOGATO

j)   Servis bardağına veya kaseye bir kaşık hindistancevizi limon otu dondurması koyun.

k)   Bir espresso makinesini veya daha önce bahsedilen alternatif demleme yöntemlerinden birini kullanarak bir shot espresso demleyin.

l)   Sıcak espressoyu hindistan cevizi limon otu dondurmasının üzerine dökün.

m)   İsteğe göre üzerine kıyılmış hindistan cevizi serperek süsleyebilirsiniz.

n)   Hindistan Cevizi Limon Otu Affogato'yu hemen servis edin ve kremalı dondurmanın, hindistancevizinin tropikal tatları ve limon otunun hafif narenciye notaları ile espressonun zenginliğiyle zenginleşen birleşiminin tadını çıkarın.

İÇİNDEKİLER:
Kakuleli GÜL DONDURMA:

- 2 bardak tam yağlı süt
- 1 bardak ağır krema
- ¾ su bardağı toz şeker
- 4 büyük yumurta sarısı
- 1 çay kaşığı öğütülmüş kakule
- 1 çay kaşığı gül suyu
- ¼ çay kaşığı vanilya özü
- İsteğe bağlı: birkaç damla pembe gıda boyası (canlı bir pembe renk için)

AFFOGATO

- 1 kaşık kakule gülü dondurması
- 1 shot (yaklaşık 1-2 ons) taze demlenmiş espresso
- İsteğe bağlı: garnitür için yenilebilir gül yaprakları veya ezilmiş antep fıstığı

TALİMATLAR:
Kakuleli GÜL DELATO:

a) Bir tencerede süt ve kremayı birleştirin. Ara sıra karıştırarak, buharlaşmaya başlayana kadar orta ateşte ısıtın. Kaynamasına izin vermeyin.

b) Ayrı bir kapta şekeri ve yumurta sarılarını iyice karışana kadar çırpın.

c) Ilık süt ve krema karışımını yavaş yavaş yumurta sarılarına dökün, sürekli karıştırarak yumurtaları yumuşatın.

d) Karışımı tekrar tencereye alın ve orta ateşte sürekli karıştırarak koyulaşıp kaşığın arkasını kaplayana kadar pişirin. Bu yaklaşık 5-7 dakika sürmelidir.

e) Tencereyi ocaktan alın ve öğütülmüş kakule, gül suyu, vanilya özü ve pembe gıda boyasını (kullanılıyorsa) ilave ederek karıştırın. Aromaları birleştirmek ve istenen rengi elde etmek için iyice karıştırın.

f) Karışımın oda sıcaklığına soğumasını bekleyin, ardından örtün ve en az 4 saat veya gece boyunca soğuması ve tatların gelişmesi için buzdolabında saklayın.

g) Soğuduktan sonra karışımı bir dondurma makinesine dökün ve üreticinin TALİMATLARI uyarınca çalkalayın: gelato yumuşak servis kıvamına gelinceye kadar.

h) Gelatoyu kapaklı bir kaba aktarın ve en az 4 saat veya sertleşinceye kadar dondurun.

AFFOGATO

i) Servis bardağına veya kaseye bir kaşık kakule gülü dondurması koyun.

j) Bir espresso makinesini veya daha önce bahsedilen alternatif demleme yöntemlerinden birini kullanarak bir shot espresso demleyin.

k) Sıcak espressoyu bir kepçe kakule gülü gelatosunun üzerine dökün.

l) İstenirse yenilebilir gül yaprakları veya ezilmiş antep fıstığı ile süsleyin.

m) Cardamom Rose Affogato'yu hemen servis edin ve kremalı gelato ile espressonun zenginliğiyle zenginleşen kakule ve gülün aromatik tatları arasındaki kombinasyonun keyfini çıkarın.

41. Kakule Affogato

İÇİNDEKİLER:
1 shot espresso
1 top kakule katkılı dondurma
Ezilmiş antep fıstığı (isteğe bağlı, garnitür için)

TALİMATLAR:
Bir shot espresso demleyin ve bir bardağa veya bardağa dökün.
Espressonun üzerine bir kaşık kakuleli dondurma ekleyin.
İstenirse, daha fazla doku ve lezzet için ezilmiş antep fıstığı ile süsleyin.
Hemen servis yapın ve kakule ve espressonun egzotik karışımının tadını çıkarın.

İÇİNDEKİLER:
1 shot espresso
1 top gülsuyu dondurması
Kurutulmuş gül yaprakları (isteğe göre süslemek için)
Renkli sprinkler (isteğe bağlı)

TALİMATLAR:
Bir shot espresso hazırlayın ve servis bardağına dökün.
Bardağa bir kepçe gülsuyu dondurması koyun.
İstenirse güzel bir sunum için üzerine serpin ve kurutulmuş gül
yaprakları serpin.
Hemen servis yapın ve espresso ile birleşen gül suyunun narin çiçeksi
notalarının tadını çıkarın.

43. Safran Fıstıklı Affogato

İÇİNDEKİLER:
1 shot espresso
1 top safranlı dondurma
Kıyılmış fıstık (isteğe bağlı, garnitür için)

TALİMATLAR:
Bir shot espresso hazırlayın ve bir bardağa veya bardağa dökün.
Espressonun üzerine bir kaşık safranlı dondurma ekleyin.
İstenirse, daha fazla çıtırlık ve lezzet için kıyılmış antep fıstığı ile süsleyin.
Hemen servis yapın ve safran ve espressonun lüks kombinasyonunun keyfini çıkarın.

44. İncir Balzamik Affogato

İÇİNDEKİLER:
1 shot espresso
1 kaşık incir balzamik dondurma veya dondurma
İncir dilimleri (isteğe bağlı, süslemek için)

TALİMATLAR:
Bir shot espresso demleyin ve bir bardağa veya bardağa dökün.
Bardağa bir kepçe incir balzamik dondurma veya dondurma ekleyin.
İsteğe bağlı olarak sofistike bir dokunuş için taze incir dilimleriyle süsleyin.
Hemen servis yapın ve incir ve balzamik ile espressonun eşsiz karışımının tadını çıkarın.

İÇİNDEKİLER:

1 shot espresso
1 top akçaağaç cevizli dondurma
Kıyılmış ceviz (isteğe bağlı, süsleme için)

TALİMATLAR:

Bir shot espresso hazırlayın ve servis bardağına dökün.
Bardağa bir kepçe akçaağaç cevizli dondurma koyun.
İstenirse, daha fazla çıtırlık ve lezzet için üzerine kıyılmış ceviz serpebilirsiniz.
Hemen servis yapın ve akçaağaç ve cevizin espresso ile rahatlatıcı kombinasyonunun keyfini çıkarın.

İÇİNDEKİLER:
1 shot espresso
1 kaşık kahve likörü veya espresso martini aromalı dondurma
Kahve çekirdekleri (isteğe bağlı, garnitür için)

TALİMATLAR:
Bir shot espresso hazırlayın ve bir bardağa veya bardağa dökün.
Bardağa bir kepçe kahve likörü veya espresso martini aromalı dondurma ekleyin.
İstenirse ekstra kafein etkisi için birkaç kahve çekirdeği ile süsleyin.
Hemen servis yapın ve espresso ve espresso martini tatlarının çökmekte olan kombinasyonunun keyfini çıkarın.

İÇİNDEKİLER:
1 shot espresso
1 kaşık böğürtlen adaçayı dondurması veya dondurma
Taze böğürtlen (isteğe bağlı, garnitür için)

TALİMATLAR:
Bir shot espresso demleyin ve bir bardağa veya bardağa dökün.
Espressonun üzerine bir kepçe böğürtlen adaçayı dondurması veya dondurma ekleyin.
İstenirse, meyveli bir lezzet patlaması için taze böğürtlenlerle süsleyin.
Hemen servis yapın ve böğürtlen ve adaçayının espresso ile eşsiz birleşiminin tadını çıkarın.

İÇİNDEKİLER:

1 shot espresso
1 kaşık hindistan cevizi limon otu dondurması veya dondurma
Kavrulmuş hindistan cevizi gevreği (garnitür için isteğe bağlı)

TALİMATLAR:

Bir shot espresso hazırlayın ve bir bardağa veya bardağa dökün.
Bardağa bir kepçe hindistancevizi limon otu dondurması veya dondurma ekleyin.
İsteğe bağlı olarak, daha fazla doku ve tropikal lezzet için kızarmış hindistan cevizi gevreği ile süsleyin.
Hemen servis yapın ve hindistancevizi ve limon otunun espresso ile canlandırıcı kombinasyonunun tadını çıkarın.

İÇİNDEKİLER:
1 shot espresso
1 top zencefil aromalı dondurma
Zencefilli kurabiye kırıntıları (isteğe bağlı, garnitür için)

TALİMATLAR:
Bir shot espresso hazırlayın ve servis bardağına dökün.
Bardağa bir kepçe zencefil aromalı dondurma koyun.
İstenirse, ilave baharat ve doku için üstüne zencefilli kurabiye kırıntıları serpin.
Hemen servis yapın ve zencefilli kurabiye ile espressonun şenlikli birleşiminin tadını çıkarın.

İÇİNDEKİLER:
1 shot espresso
1 kaşık Earl Grey çaylı dondurma
Bergamot kabuğu rendesi (isteğe bağlı, garnitür için)

TALİMATLAR:
Bir shot espresso demleyin ve bir bardağa veya bardağa dökün.
Bardağa bir kaşık Earl Grey çaylı dondurma ekleyin.
İstenirse, hoş kokulu bir dokunuş için bir tutam bergamot kabuğu
rendesi ile süsleyin.
Hemen servis yapın ve Earl Grey çayı ile espressonun aromatik
karışımının keyfini çıkarın.

51. Kiraz Amaretto Affogato

İÇİNDEKİLER:
1 shot espresso
1 kaşık vişneli amaretto gelato veya dondurma
Amaretto likörü (isteğe bağlı, üzerine serpmek için)

TALİMATLAR:
Bir shot espresso hazırlayın ve bir bardağa veya bardağa dökün.
Espressonun üzerine bir kaşık kirazlı amaretto gelato veya dondurma
ekleyin.
İsteğe bağlı olarak, ekstra lezzet katmak için dondurmanın üzerine
biraz amaretto likörü gezdirin.
Hemen servis yapın ve kiraz, amaretto ve espressonun zengin
kombinasyonunun tadını çıkarın.

İÇİNDEKİLER:
1 shot espresso
1 kaşık fıstıklı gül dondurma veya dondurma
Antep fıstığı kırıntıları (isteğe bağlı, garnitür için)

TALİMATLAR:
Bir shot espresso demleyin ve bir bardağa veya bardağa dökün.
Espressonun üzerine bir kaşık fıstıklı gül dondurma veya dondurma
ekleyin.
İstenirse, daha fazla doku ve fındık aroması için fıstık kırıntılarıyla
süsleyin.
Hemen servis yapın ve fıstık ve gülün espresso ile mükemmel
birleşiminin tadını çıkarın.

53. Mocha Fındıklı Affogato

İÇİNDEKİLER:
1 shot espresso
1 kaşık mocha fındıklı gelato veya dondurma
Dövülmüş fındık (isteğe göre süslemek için)

TALİMATLAR:
Bir shot espresso hazırlayın ve servis bardağına dökün.
Bardağa bir kepçe mocha fındıklı dondurma veya dondurma koyun.
İstenirse, daha fazla çıtırlık ve lezzet için üzerine ezilmiş fındık serpebilirsiniz.
Hemen servis yapın ve mocha, fındık ve espressonun leziz kombinasyonunun tadını çıkarın.

54. Karamel Macchiato Affogato

İÇİNDEKİLER:
1 shot espresso
1 top karamelli macchiato aromalı dondurma
Karamel sos (isteğe bağlı, üzerine sürmek için)

TALİMATLAR:
Bir shot espresso hazırlayın ve bir bardağa veya bardağa dökün.
Bardağa bir kaşık karamelli macchiato aromalı dondurma ekleyin.
İsteğe bağlı olarak, ekstra bir tatlılık katmanı için dondurmanın
üzerine karamel sosu gezdirin.
Hemen servis yapın ve bu affogato çeşidinde zengin karamel ve
espresso lezzetlerinin tadını çıkarın.

55. Tarçınlı Rulo Affogato

İÇİNDEKİLER:

1 shot espresso
1 top tarçınlı rulo aromalı dondurma
Tarçın şekeri (isteğe bağlı, garnitür için)

TALİMATLAR:

Bir shot espresso demleyin ve bir bardağa veya bardağa dökün.
Espressonun üzerine bir kaşık tarçınlı rulo aromalı dondurma
ekleyin.
İstenirse, enfes bir tarçın vuruşu için üzerine tarçın şekeri serpin.
Hemen servis yapın ve tarçınlı rulo ve espressonun rahatlatıcı
lezzetlerinin tadını çıkarın.

İÇİNDEKİLER:
1 shot espresso
1 kaşık yaban mersinli cheesecake gelato veya dondurma
Taze yaban mersini (isteğe bağlı, garnitür için)

TALİMATLAR:
Bir shot espresso hazırlayın ve servis bardağına dökün.
Bardağa bir kepçe yaban mersinli cheesecake gelato veya dondurma
koyun.
İstenirse, meyveli bir lezzet patlaması için taze yaban mersini ile
süsleyin.
Hemen servis yapın ve yaban mersinli cheesecake ve espressonun
leziz kombinasyonunun keyfini çıkarın.

İÇİNDEKİLER:

- Kakao parçacıkları
- Sıcak espresso veya güçlü demlenmiş kahve
- Vanilyalı gelato veya dondurma

TALİMATLAR:

a) Servis bardağına veya bardağa bir kepçe vanilyalı gelato veya dondurma koyarak başlayın.

b) Gelatonun üzerine bol miktarda kakao parçacıkları serpin. Kakao parçacıkları lezzetli bir çıtırlık ve bir miktar çikolata aroması katıyor.

c) Tercih ettiğiniz yöntemi kullanarak bir shot sıcak espresso demleyin veya güçlü bir fincan kahve yapın.

d) Sıcak espresso veya kahveyi gelato ve kakao parçacıklarının üzerine dikkatlice dökün. Sıcak sıvı, dondurmayı hafifçe eriterek kremsi ve yozlaşmış bir tatlı yaratacaktır.

e) Affogato'ya yerleşmesi için birkaç saniye verin ve tatların birbirine karışmasını sağlayın.

f) Kakao Nib Affogato'yu hemen servis edin ve gelato hala kremsi ve kahve sıcakken tadını çıkarın.

BÖLGESEL FARKLILIKLAR

134

İÇİNDEKİLER:

- 1 kaşık Fransız vanilyalı dondurma
- 1 shot (yaklaşık 1-2 ons) taze demlenmiş güçlü kahve
- 1 yemek kaşığı Grand Marnier (portakal likörü)
- İsteğe bağlı: garnitür için çırpılmış krema ve rendelenmiş bitter çikolata

TALİMATLAR:

a) Servis bardağına veya kaseye bir kepçe Fransız vanilyalı dondurma koyun. Dondurmanın iyice soğutulduğundan emin olun.

b) Espresso makinesini veya daha önce bahsedilen alternatif demleme yöntemlerinden birini kullanarak bir shot sert kahve demleyin. Kahvenin sıcak ve taze demlendiğinden emin olun.

c) Sıcak kahveyi dondurma kepçesinin üzerine dökün, erimesini ve dondurmayla karışmasını sağlayın.

d) Affogato'ya bir çorba kaşığı Grand Marnier ekleyin. Portakal likörü, tatlıya bir miktar narenciye tatlılığı ve sofistike bir dokunuş katıyor.

e) İstenirse, ekstra hoş bir dokunuş için affogato'nun üzerine bir parça çırpılmış krema ve bir tutam rendelenmiş bitter çikolata ekleyin.

f) Dondurmanın hafifçe erimesine ve kahve ve Grand Marnier ile birleşmesine izin vererek French Café Affogato'yu hemen servis edin.

İÇİNDEKİLER:

- 1 kaşık İrlanda kremalı gelato veya dondurma
- 1 shot İrlanda viskisi
- 1 shot espresso
- krem şanti (isteğe bağlı).

TALİMATLAR:

a) Servis bardağına bir kepçe İrlanda kremalı gelato veya dondurma koyun.

b) Gelatonun üzerine bir shot İrlanda viskisi dökün.

c) Bir shot sıcak espresso ekleyin.

d) İstenirse üzerine krem şanti konur.

e) Hemen servis yapın ve klasik Affogato'nun İrlanda lezzetinin tadını çıkarın.

İÇİNDEKİLER:

- 2 shot espresso
- 2 kaşık dulce de leche gelato (veya karamelli gelato)
- Krem şanti
- Garnitür için rendelenmiş çikolata veya kakao tozu

TALİMATLAR:

a) Bir espresso makinesi veya ocak üstü espresso makinesi kullanarak iki shot espresso hazırlayın.

b) Servis tabağına veya bardağa iki kaşık dulce de leche gelato (veya karamelli gelato) koyun.

c) Sıcak espresso shotlarını gelatonun üzerine dökün.

d) Üstüne bol miktarda çırpılmış krema ekleyin.

e) Rendelenmiş çikolata veya bir tutam kakao tozu ile süsleyin.

f) Hemen servis yapın ve zengin karamel tatları, kremalı gelato ve güçlü espressonun leziz kombinasyonunun tadını çıkarın.

İÇİNDEKİLER:

- 1 kaşık Meksika çikolatalı gelato veya dondurma
- 1 shot tekila
- 1 shot espresso
- toz tarçın

TALİMATLAR:

a) Servis bardağına bir kepçe Meksika çikolatalı gelato veya dondurma koyun.

b) Gelatonun üzerine bir shot tekila dökün.

c) Bir shot sıcak espresso ekleyin.

d) Tarçın tozu serpin.

e) Hemen servis yapın ve bir miktar tekila ile Meksika çikolatasının lezzetlerinin tadını çıkarın.

İÇİNDEKİLER:

- 1 kaşık Yunan yoğurdu gelato veya dondurulmuş yoğurt
- 1 shot uzo (anason aromalı likör)
- 1 shot espresso
- Bal

TALİMATLAR:

a) Servis bardağına bir kepçe Yunan yoğurdu gelato veya dondurulmuş yoğurt koyun.

b) Gelatonun üzerine bir shot uzo dökün.

c) Bir shot sıcak espresso ekleyin.

d) Bal ile gezdirin.

e) Hemen servis yapın ve Yunan esintili yoğurt, anason ve espresso kombinasyonunun tadını çıkarın.

İÇİNDEKİLER:

- 1 kaşık Türk kahveli dondurma veya dondurma
- 1 shot Türk kahvesi
- Kakule tozu
- doğranmış antep fıstığı

TALİMATLAR:

a) Servis bardağına bir kepçe Türk kahveli gelato veya dondurma koyun.

b) Gelatonun üzerine bir shot Türk kahvesi dökün.

c) Kakule tozu serpin.

d) Kıyılmış antep fıstığıyla süsleyin.

e) Hemen servis yapın ve Türk kahvesinin zengin lezzetinin tadını çıkarın.

İÇİNDEKİLER:

- 1 kaşık matcha yeşil çaylı dondurma veya dondurma
- 1 shot matcha yeşil çay
- şekerli kırmızı fasulye ezmesi (anko)
- matcha tozu (isteğe bağlı)

TALİMATLAR:

a) Servis bardağına bir kepçe matcha yeşil çaylı gelato veya dondurma koyun.

b) Gelatonun üzerine bir shot matcha yeşil çayı dökün.

c) Bir parça şekerli kırmızı fasulye ezmesi ekleyin.

d) İsterseniz matcha tozu serpin.

e) Hemen servis yapın ve Japon matcha ve kırmızı fasulye aromalarının tadını çıkarın.

İÇİNDEKİLER:

- 1 kaşık dulce de leche gelato veya dondurma
- 1 shot cachaça (Brezilya romu)
- 1 shot espresso
- çikolata talaşı

TALİMATLAR:

a) Servis bardağına bir kepçe dulce de leche gelato veya dondurma koyun.

b) Gelatonun üzerine bir shot cachaça dökün.

c) Bir shot sıcak espresso ekleyin.

d) Çikolata parçacıkları serpin.

e) Hemen servis yapın ve Brezilya'nın tatlı ve sarhoş edici tatlarının keyfini çıkarın.

İÇİNDEKİLER:

- 1 top vanilyalı dondurma veya İspanyol horchata aromalı dondurma
- 1 shot (yaklaşık 1-2 ons) taze demlenmiş espresso
- İsteğe bağlı: garnitür için bir tutam tarçın veya çiseleyen çikolata şurubu

TALİMATLAR:

a) Servis bardağına veya kaseye bir kepçe vanilyalı dondurma veya İspanyol horchata aromalı dondurması koyun. Dondurmanın iyice soğutulduğundan emin olun.

b) Bir espresso makinesini veya daha önce bahsedilen alternatif demleme yöntemlerinden birini kullanarak bir shot espresso demleyin. Espressonun sıcak ve taze demlendiğinden emin olun.

c) Sıcak espressoyu dondurma kepçesinin üzerine dökün, erimesini ve dondurmayla karışmasını sağlayın.

d) İstenirse, sıcak ve aromatik bir tat için espresso con helado'nun üzerine bir tutam tarçın serpin. Alternatif olarak, daha fazla tatlılık için tatlının üzerine biraz çikolata şurubu gezdirin.

e) Dondurmanın hafifçe erimesine izin vererek Espresso con Helado'yu hemen servis edin ve zengin espresso ile karıştırın.

İÇİNDEKİLER:

- 1 kaşık masala chai gelato veya dondurma
- 1 shot chai çayı
- ezilmiş kakule tohumları
- ezilmiş fıstık

TALİMATLAR:

a) Servis bardağına bir kaşık masala chai gelato veya dondurma koyun.

b) Gelatonun üzerine bir shot chai çayı dökün.

c) Ezilmiş kakule tohumları serpin.

d) Ezilmiş antep fıstığı ile süsleyin.

e) Hemen servis yapın ve Hint masala çayının sıcak ve aromatik lezzetlerinin tadını çıkarın.

İÇİNDEKİLER:

- 1 top çikolatalı gelato veya dondurma
- 1 shot espresso
- 1 yemek kaşığı amarula
- ezilmiş Tim Tam bisküvileri

TALİMATLAR:

a) Servis bardağına bir kepçe çikolatalı gelato veya dondurma koyun.

b) Gelatonun üzerine bir shot sıcak espresso dökün.

c) Affogato'ya bir çorba kaşığı amarula ekleyin.

d) Ezilmiş Tim Tam bisküvilerini serpin.

e) Hemen servis yapın ve çikolata, kahve ve bisküvinin enfes birleşiminin tadını çıkarın.

İÇİNDEKİLER:
- 1 top Vanilyalı Dondurma
- 1 shot Espresso
- İsteğe göre biraz çikolata sosu

TALİMATLAR:
a) Bir bardağa bir top vanilyalı dondurma ve 1 shot espresso koyun.
b) Sert!

İÇİNDEKİLER:

- 1 kaşık vanilyalı dondurma veya dondurma
- 1 shot (yaklaşık 1-2 ons) taze demlenmiş espresso
- 1 yemek kaşığı amaretto likörü
- İsteğe bağlı: garnitür için kakao tozu veya çikolata talaşı

TALİMATLAR:

a) Servis bardağına veya kaseye bir kepçe vanilyalı gelato veya dondurma koyun. Gelatonun iyice soğutulduğundan emin olun.

b) Bir espresso makinesini veya daha önce bahsedilen alternatif demleme yöntemlerinden birini kullanarak bir shot espresso demleyin. Espressonun sıcak ve taze demlendiğinden emin olun.

c) Sıcak espressoyu dondurma kepçesinin üzerine dökün, erimesini ve dondurmayla karışmasını sağlayın.

d) Affogato'ya bir çorba kaşığı amaretto likörü ekleyin. Amaretto, kahve ve dondurmayı tamamlayan enfes bir badem aroması katıyor.

e) İstenirse, daha fazla görsel çekicilik ve lezzet için affogato'yu bir tutam kakao tozu veya çikolata talaşı ile süsleyin.

f) Affogato al caffè'yi hemen servis edin ve gelato eriyip espresso ve amaretto ile karışarak nefis bir tat kombinasyonu oluştururken tadını çıkarın.

İÇİNDEKİLER:

- 1 kaşık vanilyalı dondurma veya dondurma
- 1 shot (yaklaşık 1-2 ons) taze demlenmiş espresso
- 2-3 biscotti (geleneksel İtalyan bademli bisküvisi)

TALİMATLAR:

a)   Servis bardağına veya kaseye bir kepçe vanilyalı gelato veya dondurma koyun. Gelatonun iyice soğutulduğundan emin olun.

b)   Bir espresso makinesini veya daha önce bahsedilen alternatif demleme yöntemlerinden birini kullanarak bir shot espresso demleyin. Espressonun sıcak ve taze demlendiğinden emin olun.

c)   Sıcak espressoyu dondurma kepçesinin üzerine dökün, erimesini ve dondurmayla karışmasını sağlayın.

d)   Affogatoyu yanında 2-3 adet bisküvi ile servis edin. Biscotti'nin gevrek dokusu, kremsi affogato ile hoş bir kontrast oluşturuyor.

e)   Bisküviyi espresso ve gelato karışımına batırarak affogatonun tadını çıkarın, tat ve doku kombinasyonunun tadını çıkarın.

İÇİNDEKİLER:

- 2 top vanilyalı dondurma yüksek kalite
- 1 shot espresso
- 1 yemek kaşığı Frangelico
- Üzerine rendelemek için bitter çikolata

TALİMATLAR:

a) Bir espresso demleyin (kişi başına bir tane). 1-2 top vanilyalı dondurmayı geniş bir bardağa veya kaseye alın ve bir shot espressonun üzerine dökün.

b) Dondurmanın üzerine 1 çorba kaşığı nocino fındık likörü veya tercih ettiğiniz likörü dökün ve biraz bitter çikolata üzerine rendeleyin.

AFFOGATO'DAN İLHAM ALAN TATLILAR

İÇİNDEKİLER:

- 500 ml ProZero çırpılmış 'krema', soğutulmuş
- 100 gr Pudra şekeri
- 1 shot espresso

TALİMATLAR:

a) 'Kremayı' kalınlaşıncaya, hafif ve havadar hale gelinceye kadar yaklaşık 2-3 dakika çırpın. Pudra şekerini ekleyin ve iyice karıştırın.

b) Karışımı uygun bir kaba dökün ve yaklaşık bir saat kadar veya soğuyana ve kenarlarda buz kristalleri oluşmaya başlayana kadar dondurucuya koyun.

c) Dondurucudan çıkarın.

d) Bir çatal veya tel çırpıcı kullanarak, buz kristallerini parçalamak için "dondurmayı" hızla çırpın.

e) 'Dondurmayı' en az 3 saat boyunca katılaşması için tekrar dondurucuya yerleştirin. Bir kepçe 'dondurma' alın ve üstüne bir espresso shot ekleyin.

ÇİNDEKİLER:

- 1 shot Nescafé altın granüllü espresso
- 2 kaşık gelato vanilyalı dondurma veya karamelli çıtır
- ½ bardak su
- Süslemek için üzerine serpmek için 1 yemek kaşığı doğal bal

TALİMATLAR:

a)   Öncelikle kahveyi demleyerek bir shot espresso hazırlayın, ardından bir servis bardağı veya fincan alın ve üzerine 2 kaşık dondurma, bal gezdirin ve yanına bir shot espresso ekleyin.

b)   Ve hemen servis edin, lezzetli İtalyan affogato dondurmalı kahvemiz afiyetle yemeye hazır.

75. Chai Bubble Tea Affogato

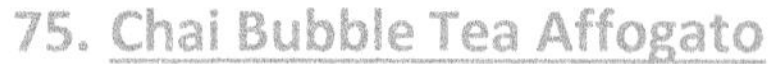

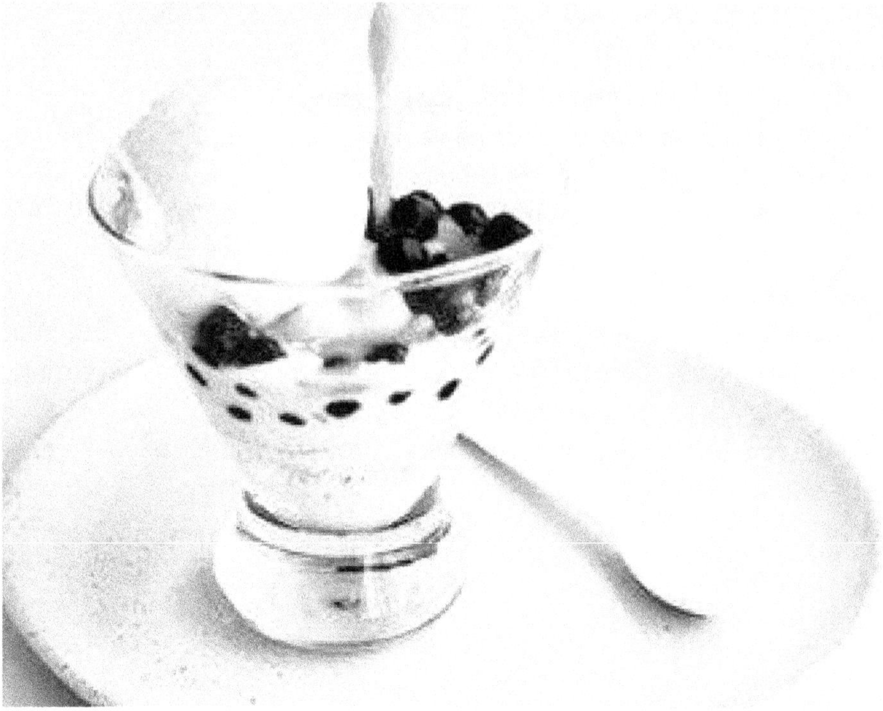

İÇİNDEKİLER:

- ¼ fincan siyah boba (tapyoka incileri)
- ¼ fincan chai latte konsantresi
- ¼ bardak şekersiz badem sütü veya normal süt
- 2 küçük kaşık Tahiti vanilya fasulyesi dondurması veya Fransız vanilyalı dondurması
- 1 adet pirouette kurabiye, ikiye bölünmüş (isteğe bağlı)

TALİMATLAR:

a) Boba'yı paketin üzerindeki talimatlara göre pişirin.

b) Küçük bir tencerede chai latte konsantresini ve sütü birleştirin. Kaynamaya getirin ve ocaktan alın.

c) Bir bardağa veya küçük kaseye iki kaşık gelato veya dondurma alın ve üzerine boba koyun. Üzerine chai latte dökün ve pirouette kurabiyesi ile servis yapın. Hemen keyfini çıkarın.

76. Affogatolu Cheesecake

İÇİNDEKİLER:
- 1 adet önceden hazırlanmış cheesecake
- 2 kaşık vanilyalı dondurma
- 2 shot espresso

TALİMATLAR:
a) Cheesecake'i tek tek porsiyonlara dilimleyin.
b) Her dilimin üzerine bir kepçe vanilyalı gelato koyun.
c) Gelato ve cheesecake'in üzerine bir shot espresso dökün.
d) Hemen servis yapın ve kremalı cheesecake, gelato ve espresso kombinasyonunun tadını çıkarın.

İÇİNDEKİLER:

- Sıcak kekler
- 1 kaşık kahveli gelato veya dondurma
- Sıcak çikolata sosu
- Krem şanti

TALİMATLAR:

a) Servis tabağına sıcak brownieyi yerleştirin.

b) Üzerine bir kaşık kahveli gelato veya dondurma ekleyin.

c) Sıcak şekerleme sosunu gezdirin.

d) Krem şanti ile süsleyin.

e) Hemen servis yapın ve çikolata, kahve ve kremalı gelatodan oluşan lezzetli kombinasyonun tadını çıkarın.

İÇİNDEKİLER:

- 1 bardak ağır krema
- 1 bardak tam yağlı süt
- ½ bardak) şeker
- 1 vanilya çekirdeği, uzunlamasına bölünmüş
- 1 yemek kaşığı jelatin tozu
- 2 yemek kaşığı soğuk su
- 2 shot espresso
- Süslemek için çikolata parçacıkları

TALİMATLAR:

a) Bir tencerede ağır kremayı, sütü ve şekeri birleştirin.

b) Vanilya çekirdeğinin tohumlarını kazıyın ve vanilya çekirdeği kabuğuyla birlikte tencereye ekleyin.

c) Karışımı orta ateşte kaynama noktasına gelene kadar ısıtın. Ateşten alın ve 10 dakika demlenmesini bekleyin.

d) Küçük bir kapta jelatin tozunu soğuk suyun üzerine serpin ve çiçek açması için 5 dakika bekletin.

e) Vanilya çekirdeğini krema karışımından çıkarın ve sıcak olana ancak kaynamayana kadar tekrar ısıtın.

f) Çiçeklenmiş jelatini sıcak krema karışımına ekleyin ve tamamen eriyene kadar karıştırın.

g) Karışımı ayrı servis bardaklarına veya kalıplara dökün ve en az 4 saat veya donana kadar buzdolabında saklayın.

h) Servis yapmadan hemen önce her panna cotta'nın üzerine bir shot espresso dökün ve çikolata parçacıklarıyla süsleyin.

i) Soğutulmuş olarak servis yapın ve panna cotta'nın ipeksi dokusunun ve kahve aromalı lezzetlerinin tadını çıkarın.

İÇİNDEKİLER:

- 1 fincan güçlü demlenmiş kahve
- 2 yemek kaşığı şeker
- 2 yemek kaşığı kahve likörü (örneğin Kahlua)
- 1 paket kedi dili
- 1 su bardağı mascarpone peyniri
- ¼ su bardağı pudra şekeri
- 1 çay kaşığı vanilya özü
- 1 su bardağı krem şanti
- Toz almak için kakao tozu

TALİMATLAR:

a) Sığ bir kapta demlenmiş kahveyi, şekeri ve kahve likörünü birleştirin.

b) Her bir kedi parmağını kahve karışımına batırın ve servis bardaklarına veya tatlı tabaklarına katlayın.

c) Ayrı bir kapta mascarpone peynirini, pudra şekerini ve vanilya özünü pürüzsüz hale gelinceye kadar çırpın.

d) Kedi dillerinin üzerine bir kat mascarpone karışımını kaşıkla dökün.

e) Servis bardaklarının tepesine ulaşana kadar ıslatılmış kedi dillerini ve mascarpone karışımını kat kat tekrarlayın.

f) Üzerine bir parça çırpılmış kremayla bitirin.

g) Tatlıların üzerine kakao tozu serpin.

h) Tatların birbirine karışmasını sağlamak için hemen servis yapın veya birkaç saat buzdolabında saklayın.

i) Servis yapmadan hemen önce her parfenin üzerine bir shot espresso dökün.

j) Tiramisu'dan ilham alan bu tatlıda, kahveye batırılmış kedi dili katmanlarının, kremalı mascarpone'nun ve espressonun zengin lezzetinin tadını çıkarın.

İÇİNDEKİLER:

- 4 su bardağı bayat ekmek küpleri (börek veya challah gibi)
- 2 bardak tam yağlı süt
- ½ bardak ağır krema
- ½ su bardağı toz şeker
- 4 büyük yumurta
- 1 çay kaşığı vanilya özü
- Bir tutam tuz
- 2 shot espresso
- Servis için çırpılmış krema

TALİMATLAR:

a)   Fırını önceden 350°F (175°C)'ye ısıtın ve bir pişirme kabını yağlayın.

b)   Büyük bir kapta süt, krema, şeker, yumurta, vanilya özü ve tuzu birleştirin. İyice birleşene kadar çırpın.

c)   Ekmek küplerini kaseye ekleyin ve eşit şekilde süt karışımıyla kaplanana kadar yavaşça karıştırın. Ekmeğin sıvıyı emmesi için 10 dakika bekletin.

d)   Karışımı yağlanmış fırın tepsisine aktarıp eşit şekilde yayalım.

e)   40-45 dakika veya ekmek pudingi altın rengi kahverengi olana ve sertleşene kadar pişirin.

f)   Fırından çıkarın ve birkaç dakika soğumasını bekleyin.

g)   Servis yapmadan hemen önce, her porsiyon ekmek pudinginin üzerine bir shot espresso dökün.

h)   Üstüne bir parça çırpılmış krema ekleyin.

i)   Sıcak servis yapın ve ekmek pudingi ile espressonun rahatlatıcı kombinasyonunun keyfini çıkarın.

İÇİNDEKİLER:
- 12 adet çikolatalı kurabiye
- En sevdiğiniz gelato veya dondurma aromasından 6 kaşık
- 2 shot espresso
- Serpintiler, ezilmiş fındık ve kıyılmış hindistan cevizi

TALİMATLAR:

a)   6 kurabiye alın ve her kurabiyenin düz tarafına bir kepçe dondurma veya dondurma koyun.

b)   Sandviç oluşturmak için kalan 6 kurabiyeyi üstüne ekleyin.

c)   Dondurmalı sandviçleri sertleşmesi için 10-15 dakika dondurucuya koyun.

d)   Servis yapmadan hemen önce her sandviçin üzerine bir shot espresso dökün.

e)   İstenirse sandviçin kenarlarını serpin, hindistancevizi ve ezilmiş fındıkla yuvarlayın.

f)   Hemen servis yapın ve kremalı dondurma, espresso ve kurabiyelerin enfes kombinasyonunun tadını çıkarın.

82. Affogato Muz Bölmesi

İÇİNDEKİLER:

- 1 olgun muz, uzunlamasına bölünmüş
- 2 kaşık vanilyalı gelato veya dondurma
- 2 shot espresso
- Çikolata sosu
- Krem şanti
- Maraschino kirazı
- Gazlı

TALİMATLAR:

a) Bölünmüş muzu bir servis tabağına veya tekneye yerleştirin.

b) Muzun üzerine iki kaşık vanilyalı gelato veya dondurma ekleyin.

c) Gelato ve muzun üzerine bir shot espresso dökün.

d) Çikolata sosunu gezdirin.

e) Üzerine çırpılmış krema, serpme ve birkaç kiraz likörü kirazı ekleyin.

f) Hemen servis yapın ve klasik muzlu splitin bu eğlenceli versiyonunun tadını çıkarın.

İÇİNDEKİLER:

- 1 yaprak önceden hazırlanmış puf böreği, çözülmüş
- ½ su bardağı mascarpone peyniri
- 2 yemek kaşığı pudra şekeri
- 1 çay kaşığı vanilya özü
- 2 shot espresso
- Süslemek için rendelenmiş bitter çikolata

TALİMATLAR:

a) Fırını önceden 200°C'ye (400°F) ısıtın ve fırın tepsisini parşömen kağıdıyla kaplayın.

b) Milföy hamurunu küçük kareler veya daireler halinde kesin ve hazırlanan fırın tepsisine yerleştirin.

c) Milföy hamurunu paketteki TALİMATLAR'a göre, altın rengi kahverengi olana ve kabarıncaya kadar pişirin.

d) Bir kasede mascarpone peynirini, pudra şekerini ve vanilya özünü pürüzsüz ve kremsi bir kıvama gelinceye kadar çırpın.

e) Milföy hamurlu tartlar soğuduktan sonra, mascarpone karışımından bir parça dolusu her tartın üzerine yayın.

f) Servis yapmadan hemen önce her tartın üzerine bir shot espresso dökün.

g) Rendelenmiş bitter çikolata ile süsleyin.

h) Hemen servis yapın ve ince puf böreği, kremalı mascarpone ve espressodan oluşan hassas kombinasyonun tadını çıkarın.

İÇİNDEKİLER:
2 yemek kaşığı chia tohumu
1/2 bardak süt (süt veya bitki bazlı)
1 shot espresso, soğutulmuş
1 çay kaşığı bal veya tercih edilen tatlandırıcı (isteğe bağlı)

TALİMATLAR:
Bir kapta chia tohumlarını, sütü, espressoyu ve balı (eğer kullanıyorsanız) karıştırın.
Birleştirmek için iyice karıştırın ve chia tohumlarının eşit şekilde dağıldığından emin olun.
Kaseyi kapatın ve en az 2 saat veya gece boyunca buzdolabında saklayın, böylece chia tohumlarının sıvıyı emmesine ve puding benzeri bir kıvama gelinceye kadar kalınlaşmasına izin verin.
Soğutulmuş olarak servis yapın ve affogato esintili bu chia pudinginin tadını sağlıklı ve doyurucu bir atıştırmalık olarak çıkarın.

85. Affogato Muzlu Ekmek

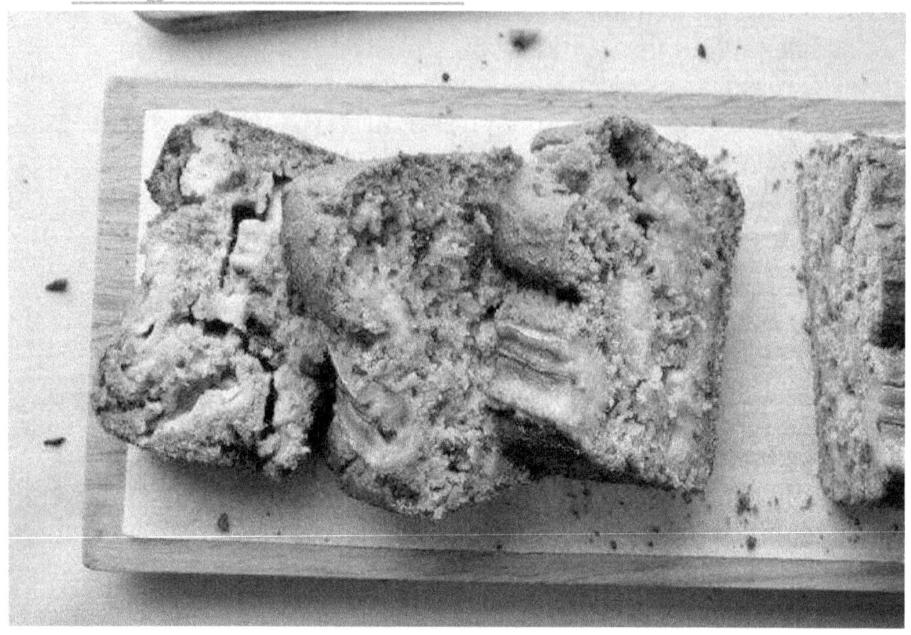

İÇİNDEKİLER:
1 1/2 bardak çok amaçlı un
1 çay kaşığı kabartma tozu
1/2 çay kaşığı karbonat
1/4 çay kaşığı tuz
1/2 su bardağı toz şeker
1/4 bardak tuzsuz tereyağı, eritilmiş
2 adet olgun muz, püresi
1/4 bardak süt (süt veya bitki bazlı)
1 çay kaşığı vanilya özü
1 shot espresso, soğutulmuş

TALİMATLAR:
Fırını önceden 350°F (175°C)'ye ısıtın ve bir somun tepsisini yağlayın.

Büyük bir kapta un, kabartma tozu, kabartma tozu ve tuzu birlikte çırpın.

Başka bir kapta şekeri ve eritilmiş tereyağını iyice birleşene kadar karıştırın.

Şeker-tereyağı karışımına ezilmiş muzları, sütü, vanilya özünü ve soğutulmuş espressoyu ekleyin.

Kuru malzemeleri yavaş yavaş ıslak malzemelere ekleyin, birleşene kadar karıştırın.

Yağlanmış kek kalıbına hamuru dökün.

Yaklaşık 50-60 dakika veya ortasına batırdığınız kürdan temiz çıkana kadar pişirin.

Affogato'dan ilham alan bu atıştırmalıkları dilimleyip yemeden önce muzlu ekmeğin soğumasını bekleyin.

İÇİNDEKİLER:
Pirinç kekleri
Fındık ezmesi (badem veya fıstık ezmesi gibi)
Vanilyalı dondurma
Espresso veya kahve şurubu

TALİMATLAR:
Pirinç kekinin üzerine bir kat fındık ezmesi sürün.
Fıstık ezmesinin üzerine küçük bir kepçe vanilyalı dondurma koyun.
Az miktarda espresso veya kahve şurubu gezdirin.
Hafif ve çıtır bir atıştırmalık olarak affogato esintili pirinç kekinin
tadını çıkarın.

87. Affogato Popsicles

İÇİNDEKİLER:
1 fincan demlenmiş kahve, soğutulmuş
1 bardak süt (süt veya bitki bazlı)
1 yemek kaşığı bal veya tercih edilen tatlandırıcı
1 çay kaşığı vanilya özütü (isteğe bağlı)

TALİMATLAR:
Soğutulmuş demlenmiş kahveyi, sütü, balı ve vanilya özünü bir karıştırıcıda birleştirin.
İyice karışana kadar karıştırın.
Karışımı buzlu şeker kalıplarına dökün.
Dondurma çubuklarını kalıplara yerleştirin ve en az 4 saat veya katılaşana kadar dondurun.
Dondurulduktan sonra buzlu çubukları kalıplardan çıkarın ve affogato'dan ilham alan bu dondurulmuş ikramların tadını çıkarın.

88. Affogato Kupa Kek

İÇİNDEKİLER:
4 yemek kaşığı çok amaçlı un
2 yemek kaşığı toz şeker
1/2 çay kaşığı kabartma tozu
Bir tutam tuz
3 yemek kaşığı süt (süt veya bitki bazlı)
1 shot espresso, soğutulmuş
1 yemek kaşığı bitkisel yağ

TALİMATLAR:
Mikrodalgaya dayanıklı bir kupada un, şeker, kabartma tozu ve tuzu birlikte çırpın.
Kupaya süt, soğutulmuş espresso ve bitkisel yağı ekleyin.
Hamur pürüzsüz ve iyi bir şekilde birleşene kadar karıştırın.
Kupayı yaklaşık 1 dakika 30 saniye boyunca veya kek yükselip ortasına yerleşinceye kadar yüksek sıcaklıkta mikrodalgada tutun.
Affogato'dan ilham alan bu hızlı ve kolay atıştırmalıkların tadını çıkarmadan önce kupa kekinin biraz soğumasını bekleyin.

89. Affogato Çikolatalı Mus

İÇİNDEKİLER:
4 ons bitter çikolata, doğranmış
1 bardak ağır krema
1 shot espresso, soğutulmuş
Krem şanti ve çikolata rendesi (üzeri için)

TALİMATLAR:
Bitter çikolatayı, kaynayan suyun üzerine yerleştirilmiş ısıya
dayanıklı bir kapta, pürüzsüz hale gelinceye kadar karıştırarak eritin.
Isıdan çıkarın ve hafifçe soğumasını bekleyin.
Ayrı bir kapta, ağır kremayı yumuşak tepeler oluşuncaya kadar çırpın.
Soğutulmuş eritilmiş çikolatayı ve espressoyu iyice birleşene kadar
çırpılmış kremaya katlayın.
Karışımı tek kişilik servis bardaklarına veya kaselere kaşıkla dökün.
Üstüne çırpılmış krema ve çikolata parçacıkları ekleyin.
Bu hoşgörülü affogato esintili çikolatalı mus servis etmeden önce en
az 2 saat buzdolabında saklayın.

AFFOGATO'DAN İLHAM ALAN ATIŞTIRMALIKLAR

İÇİNDEKİLER:
4 su bardağı patlamış mısır
4 ons bitter çikolata, eritilmiş
1 yemek kaşığı hazır kahve tozu veya espresso tozu

TALİMATLAR:
Patlamış mısırı geniş bir kaseye koyun.
Eritilmiş bitter çikolatayı patlamış mısırın üzerine gezdirin.
Hazır kahve tozunu veya espresso tozunu patlamış mısırın üzerine serpin.
Patlamış mısırı çikolata ve kahveyle eşit bir şekilde kaplamak için yavaşça atın.
Bu affogato esintili patlamış mısır atıştırmalıklarının tadını çıkarmadan önce çikolatanın soğumasını bekleyin.

91. Affogato Enerji Isırıkları

İÇİNDEKİLER:
1 su bardağı çekirdeği çıkarılmış hurma
1 su bardağı badem
2 yemek kaşığı kakao tozu
1 yemek kaşığı hazır kahve tozu veya espresso tozu
1 yemek kaşığı bal veya akçaağaç şurubu (isteğe bağlı)
Kıyılmış hindistan cevizi veya kakao tozu (yuvarlamak için)

TALİMATLAR:
Hurmaları, bademleri, kakao tozunu, hazır kahve tozunu ve balı (eğer kullanılıyorsa) bir mutfak robotuna yerleştirin.
Karışım bir araya gelip yapışkan bir hamur oluşana kadar işlem yapın.
Karışımı küçük lokma büyüklüğünde toplar halinde yuvarlayın.
Kaplama için enerji ısırıklarını kıyılmış hindistan cevizine veya kakao tozuna yuvarlayın.
Servis yapmadan önce buzdolabında yaklaşık 30 dakika kadar soğutun.

İÇİNDEKİLER:
Medjool hurmaları, çekirdekleri çıkarılmış
Vanilyalı dondurma
Espresso veya kahve şurubu

TALİMATLAR:
Medjool hurmasını uzunlamasına dilimleyin ve çekirdeklerini çıkarın.
Her tarihi küçük bir kaşık vanilyalı dondurmayla doldurun.
Espresso veya kahve şurubu serpin.
Tatlı ve kremsi affogato esintili doldurulmuş hurmaların tadını
çıkarın.

İÇİNDEKİLER:
1 su bardağı kavrulmuş badem
1/2 bardak kurutulmuş kiraz veya kızılcık
1/2 bardak bitter çikolata parçaları veya parçacıkları
1/4 fincan kahve çekirdeği

TALİMATLAR:
Bir kasede kavrulmuş bademleri, kurutulmuş kirazları veya
kızılcıkları, bitter çikolata parçalarını veya parçacıklarını ve kahve
çekirdeklerini karıştırın.
Miktarları tercihinize göre ayarlayın.
Hareket halindeyken affogato'dan ilham alan uygun bir atıştırmalık
için iz karışımını küçük ayrı porsiyonlara paketleyin.

İÇİNDEKİLER:

1 su bardağı yulaf ezmesi
1/2 bardak badem ezmesi veya tercih ettiğiniz herhangi bir fındık ezmesi
1/4 bardak bal veya akçaağaç şurubu
2 yemek kaşığı kakao tozu
1 yemek kaşığı hazır kahve tozu veya espresso tozu
1/4 su bardağı bitter çikolata parçacıkları
Kıyılmış hindistan cevizi veya ezilmiş fındık (yuvarlamak için)

TALİMATLAR:

Bir kapta yulaf ezmesini, badem ezmesini, bal veya akçaağaç şurubunu, kakao tozunu, hazır kahve tozunu ve bitter çikolata parçacıklarını iyice birleşene kadar karıştırın.

Karışımı küçük lokma büyüklüğünde toplar halinde yuvarlayın.

Kaplama için protein toplarını kıyılmış hindistan cevizine veya ezilmiş fındıklara yuvarlayın.

Servis yapmadan önce buzdolabında yaklaşık 30 dakika kadar soğutun.

İÇİNDEKİLER:
3 yemek kaşığı tuzsuz tereyağı
4 su bardağı mini marshmallow
6 su bardağı pirinç gevreği
2 yemek kaşığı hazır kahve tozu veya espresso tozu

TALİMATLAR:
Büyük bir tencerede, kısık ateşte tereyağını eritin.
Mini marshmallowları tencereye ekleyin ve eriyip pürüzsüz hale gelinceye kadar karıştırın.
Hazır kahve tozunu veya espresso tozunu iyice birleşene kadar karıştırın.
Tencereyi ocaktan alın ve pirinç gevreğini ekleyin.
Tahıl hatmi karışımıyla eşit şekilde kaplanana kadar karıştırın.
Karışımı yağlanmış bir fırın tepsisine bastırıp soğumaya bırakın.
Kareler halinde kesin ve nefis bir atıştırmalık olarak affogato'dan ilham alan bu Pirinç Krispie ikramlarının tadını çıkarın.

İÇİNDEKİLER:
Taze çilekler
Bitter çikolata, eritilmiş
Hazır kahve tozu veya espresso tozu (serpmek için)

TALİMATLAR:
Taze çilekleri eritilmiş bitter çikolataya batırın ve fazlalığın
damlamasını sağlayın.
Çikolataya batırılmış çilekleri parşömen kaplı bir tepsiye veya tabağa
yerleştirin.
Çileklerin üzerine az miktarda hazır kahve tozu veya espresso tozu
serpin.
Bu affogato esintili çikolataya batırılmış çileklerin tadını çıkarmadan
önce çikolatanın buzdolabında soğumasını bekleyin.

foto di Gianluca Di Noia

İÇİNDEKİLER:

8 ons bitter çikolata, doğranmış
1/2 bardak ağır krema
1 shot espresso, soğutulmuş
Kakao tozu veya ezilmiş fındık (haddelemek için)

TALİMATLAR:

Isıya dayanıklı bir kaseye doğranmış bitter çikolatayı koyun.
Bir tencerede ağır kremayı kaynamaya başlayana kadar ısıtın.
Sıcak kremayı doğranmış çikolatanın üzerine dökün ve bir dakika bekletin.
Çikolata tamamen eriyene ve karışım pürüzsüz hale gelinceye kadar karıştırın.
Soğutulmuş espressoyu iyice birleşene kadar karıştırın.
Kaseyi kapatın ve karışım işlenecek kadar sertleşene kadar yaklaşık 2 saat buzdolabında saklayın.
Soğutulmuş karışımı küçük toplar halinde yuvarlayın ve kakao tozu veya ezilmiş fındıkla yuvarlayın.
Affogato'dan ilham alan bu ikramların tadını çıkarmadan önce yer mantarlarını buzdolabında 30 dakika daha soğutun.

98. Affogato Biscotti

İÇİNDEKİLER:

2 su bardağı çok amaçlı un
1 çay kaşığı kabartma tozu
1/2 çay kaşığı tuz
1/2 bardak tuzsuz tereyağı, yumuşatılmış
3/4 su bardağı toz şeker
2 büyük yumurta
1 yemek kaşığı vanilya özü
1 shot espresso, soğutulmuş
1/2 su bardağı kıyılmış fındık (badem veya fındık gibi)

TALİMATLAR:

Fırını önceden 350°F'ye (175°C) ısıtın ve fırın tepsisini parşömen kağıdıyla kaplayın.

Bir kapta un, kabartma tozu ve tuzu birlikte çırpın.

Ayrı bir kapta yumuşatılmış tereyağını ve şekeri hafif ve kabarık olana kadar krema haline getirin.

Yumurtaları birer birer çırpın, ardından vanilya özü ve soğutulmuş espressoyu ekleyin.

Un karışımını yavaş yavaş tereyağlı karışıma ekleyin, birleşene kadar karıştırın.

Kıyılmış fındıkları karıştırın.

Hamuru bir kütük haline getirin ve hazırlanan fırın tepsisine yerleştirin.

Yaklaşık 25-30 dakika veya altın rengi kahverengi olana ve dokunulabilecek kadar sertleşene kadar pişirin.

Fırından çıkarın ve birkaç dakika soğumasını bekleyin.

Kütüğü bisküvi şeklinde parçalar halinde dilimleyin ve fırın tepsisine dizin.

10-15 dakika daha veya gevrek ve hafifçe kızarıncaya kadar pişirin.

Affogato'dan ilham alan bu çıtır ikramın tadını çıkarmadan önce bisküvinin tamamen soğumasını bekleyin.

İÇİNDEKİLER:
1 1/2 bardak graham kraker kırıntısı
1/4 su bardağı eritilmiş tereyağı
8 ons krem peynir, yumuşatılmış
1/4 su bardağı pudra şekeri
1 shot espresso, soğutulmuş
Krem şanti ve çikolata rendesi (üzeri için)

TALİMATLAR:
Bir kapta, graham kraker kırıntılarını ve eritilmiş tereyağını, karışım ıslak kuma benzeyene kadar birleştirin.
Kırıntı karışımını çizgili kare bir pişirme kabının tabanına bastırın.
Ayrı bir kapta yumuşatılmış krem peyniri, pudra şekerini ve soğutulmuş espressoyu pürüzsüz ve kremsi bir kıvama gelinceye kadar çırpın.
Krem peynir karışımını graham kraker kabuğunun üzerine eşit şekilde dağıtın.
En az 2 saat veya katılaşana kadar buzdolabında saklayın.
Isırık büyüklüğünde kareler halinde kesin ve her karenin üzerine bir parça çırpılmış krema ve çikolata talaşı ekleyin.
Soğutulmuş olarak servis yapın ve affogato esintili cheesecake ısırıklarının tadını çıkarın.

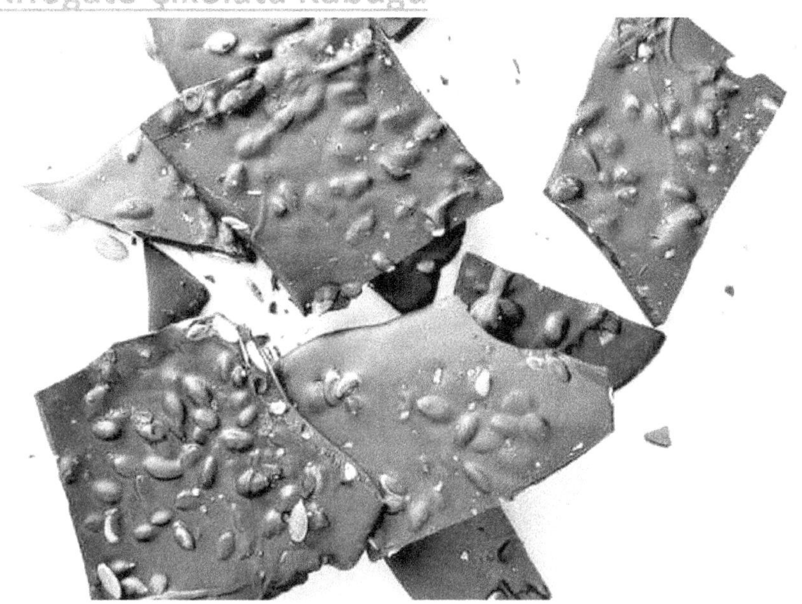

İÇİNDEKİLER:
8 ons bitter çikolata, eritilmiş
1 shot espresso, soğutulmuş
Ezilmiş espresso çekirdekleri veya kahve çekirdekleri
Deniz tuzu (isteğe bağlı)
Antep fıstığı (isteğe bağlı)

TALİMATLAR:
Bir fırın tepsisini parşömen kağıdıyla hizalayın.
Eritilmiş bitter çikolatayı hazırlanan fırın tepsisine eşit şekilde
yayarak dökün.
Soğuyan espressoyu çikolatanın üzerine gezdirin.
Üzerine ezilmiş espresso çekirdeklerini veya kahve çekirdeklerini
serpin.
İstenirse bir tutam deniz tuzu ve antep fıstığı ekleyin.
Çikolata donuncaya kadar buzdolabında bekletin, ardından parçalara
ayırın.

ÇÖZÜM

Affogato Dünyasına veda ederken, bu yolculuğun Affogato'nun enfes lezzetlerine olan tutkunuzu ateşlediğini umuyoruz. İtalya'daki mütevazı kökenlerinden dünya çapındaki modern yorumlarına kadar, bu muhteşem lezzeti şekillendiren evrime ve yaratıcılığa tanık olduk. Zengin, pürüzsüz gelato ile kahvenin güçlü özünün birleşimi, gastronomi cennetinde mükemmel bir eşleşme olduğunu kanıtladı.

İster klasik bir affogatonun sadeliğini ister özel bir kreasyonun maceracı lezzetlerini tercih edin, Affogato World, kahve ve gelatonun olağanüstü deneyimler yaratmak için iç içe geçtiği bir dünyaya bir bakış sunuyor. Lezzetin sınırlarının zorlandığı, tek bir kaşığın sizi saf bir zevk diyarına taşıyabildiği bir dünya.

Yani bir dahaki sefere saf mutluluk anını özlediğinizde, Affogato World'ün duyularınızı yönlendirmesine ve damak tadınızı uyandırmasına izin verin. Kendinizi bu nefis kombinasyonun büyüsüne kaptırın ve her kaşıkta ortaya çıkan lezzet senfonisinin tadını çıkarın. Affogato dünyasında yer alan sanatı ve yeniliği benimseyin ve sizi bekleyen sınırsız olanakları keşfedin. Kahve ve dondurma severlerin saf bir keyif kutlamasında bir araya geldiği Affogato World'e hoş geldiniz.